說文解字弟十一上　漢太尉祭酒許慎記

銀青光祿大夫守右散騎常侍上柱國東海縣開國子食邑五百戶臣徐鉉等奉

敕校定

二十一部　六百八十五文　重六十二

凡九千七百六十九字　文三十一新附

水 準也北方之行象衆水並流中有微陽之气也凡水之屬皆从水　式軌切

汃 西極之水也从水八聲爾雅曰西至汃國謂四極府巾切

河 水出焞煌塞外昆侖山發原注海从水可聲乎哥切

泑 澤在昆侖下从水幼聲讀與妣同於糾切

涷 水出發鳩山入於河从水東聲德紅切

涪 水出廣漢剛邑道徼外南入漢从水咅聲縛牟切

潼 水出廣漢梓潼北界南入墊江从水童聲徒紅切

江 水出蜀湔氐徼外崏山入海从水工聲古雙切

沱 江別流也出崏山東別爲沱从水它聲臣鉉等曰沱沼之沱通用此字今別作池非是徒何切

浙 江水東至會稽山陰爲浙江从水折聲旨熱切

涐 水出蜀汶江徼外東南入江从水我聲五何切

湔 水出蜀郡緜虒玉壘山東南入江从水前聲一曰手瀚之子仙切

沬 水出蜀西徼外東南入江从水末聲莫割切

溫 水出犍爲涪南入黔水从水𥁕聲烏䰟切

灊 水出巴郡宕渠西南入江从水鬵聲昨鹽切

沮 水出漢中房陵東入江从水且聲子余切

滇 益州池名从水眞聲都年切

涂 水出益州牧靡南山西北入澠从水余聲同都切

沅 水出牂牁故且蘭東北入江从水元聲愚袁切

淹 水出越巂徼外東入若水从水奄聲英廉切

溺 水自張掖刪丹西至酒泉合黎餘波入于流沙从水弱聲桑欽所說而灼切

洮 水出隴西臨洮東北入河从水兆聲土刀切

涇 水出安定涇陽开頭山東南入渭雝州之川也从水巠聲古靈切

渭 水出隴西首陽渭首亭南谷東入河从水胃聲杜林說夏書以爲出鳥鼠山雝州浸也云貴切

漾 水出隴西相道東至武都爲漢从水羕聲余亮切

瀁 古文从養

漢 漾也東爲滄浪水从水難省聲臣鉉等曰从難省當作堇而前作相承去土从大疑兼从古大省呼旰切

㵄 古文

浪 滄浪水也南入江从水良聲來宕切

沔 水出武都沮縣東狼谷東南入江或曰入夏水从水丏聲彌兖切

湟 水出金城臨羌塞外東入河从水皇聲乎光切

汧

水出扶風汧縣西北入渭从水开聲苦堅切
澇 水出扶風鄠北入渭从水勞聲魯刀切
漆 水出右扶風杜陵岐山東入渭一曰入洛从水桼聲親吉切
滻 水出京兆藍田谷入霸从水產聲所簡切
洛 水出左馮翊歸德北夷界中東南入渭从水各聲盧各切
淯 水出弘農盧氏山東南入海从水育聲或曰出酈山西余六切
汝 水出弘農盧氏還歸山東入淮从水女聲人渚切
潩 水出河南密縣大隗山南入潁从水異聲与職切
汾 水出太原晉陽山西南入河从水分聲或曰出汾陽北山冀州浸符分切
澮 水出霍山西南入汾从水會聲古外切
沁 水出上黨羊頭山東南入河从水心聲七鴆切
沾 水出壺關東入淇一曰沾益也从水占聲臣鉉等曰今別作添非是他兼切
潞 冀州浸也上黨有潞縣从水路聲洛故切
漳 濁漳出上黨長子鹿谷山東入清漳清漳出沾山大要谷北入河南漳出南郡臨沮从水章聲諸良切
淇 水出河內共北山東入河或曰出隆慮西山从水其聲渠之切
蕩 水出河內蕩陰東入黃澤从水𦸈聲徒朗切
沇 水出河東東垣王屋山東為泲从水允聲以轉切
㳄 古文沇臣鉉等曰口部已有此重出
泲 沇也東入于海从水𠂔聲子禮切
洈 水出南郡高城洈山東入繇从水危聲過委切
溠 水在漢南从水差聲荊州浸也春秋傳曰脩涂梁溠側駕切
洭 水出桂陽縣盧聚山洭浦關為桂水从水匡聲去王切
潓 水出廬江入淮从水惠聲胡計切
灌 水出廬江雩婁北入淮从水雚聲古玩切
漸 水出丹陽黟南蠻中東入海从水斬聲慈冉切
泠 水出丹陽宛陵西北入江从水令聲郎丁切
⿰氵箄 水在丹陽从水箄聲匹卦切
溧 水出丹陽溧陽縣从水栗聲力質切
湘 水出零陵陽海山北入江从水相聲息良切
汨 長沙汨羅淵屈原所沉之水从水冥省聲莫狄切
溱 水出桂陽臨武入匯从水秦聲側詵切
深 水出桂陽南平西入營道从水罙聲式針切
潭 水出武陵鐔成玉山東入鬱林从水覃聲徒含切
油 水出武陵孱陵西東南入江从水由聲以周切
⿰氵買 水出豫章艾縣西入湘从水買聲莫蟹切
湞 水出南海龍川西入溱从水貞聲陟盈切
溜 水出鬱林郡从水畱聲力救切
瀷 水出河南密縣東入潁从水翼聲与職切
潕 水出南陽舞陽東入潁从水無聲文甫切
滶 水出南陽魯陽入城父从水敖聲五勞切
瀙 水出南陽舞陽中陽山入潁从水親聲七吝切
淮 水出南陽平氏桐柏大復山東南入海从水隹聲戶乖切
滍 水出南陽魯陽堯山東北入汝从水蚩聲直几切
澧 水出南陽雉衡山東入汝从水豊聲盧啓切
溳 水出南陽蔡陽東入夏水从水員聲王分切
淠 水出汝南弋陽垂山東入淮从水畀聲匹備切又匹制切
㵝 水出汝南上蔡黑閭澗入汝从水意聲於力切
⿰氵囟 水出汝南新郪入潁从水囟聲穌計切
灈 水出汝南吳房入瀙从水瞿聲其俱切
潁

水出潁川陽城乾山東入淮从水頃聲豫州浸余頃切

洧 水出潁川陽城山東南入潁从水有聲榮美切

濦 水出潁川陽城少室山東入潁从水㥯聲於謹切

渦 水受淮陽扶溝浪湯渠東入淮从水過聲古禾切

泄 水受九江博安洵波北入氐从水世聲余制切

汳 水受陳留浚儀陰溝至蒙為雝水東入于泗从水反聲臣鉉等曰今作汴非是皮變切

潧 水出鄭國从水曾聲詩曰潧與洧方渙渙兮側詵切

凌 水在臨淮从水夌聲力膺切

濮 水出東郡濮陽南入鉅野从水僕聲博木切

濼 齊魯閒水也从水樂聲春秋傳曰公會齊侯于濼盧谷切

漷 水在魯从水郭聲苦郭切

淨 魯北城門池也从水爭聲士耕切又才性切

濕 水出東郡東武陽入海从水㬎聲桑欽云出平原高唐他合切

泡 水出山陽平樂東北入泗从水包聲匹交切

菏 菏澤水在山陽胡陵禹貢浮于淮泗達于菏从水苛聲古俄切

泗 受泲水東入淮从水四聲息利切

洹 水在齊魯閒从水亘聲羽元切

灉 河灉水在宋从水雝聲於容切

澶 澶淵水在宋从水亶聲市連切

洙 水出泰山蓋臨樂山北入泗从水朱聲市朱切

沭 水出青州浸从水朮聲食聿切

沂 水出東海費東西入泗从水斤聲一曰沂水出泰山蓋青州浸魚衣切

洋 水出齊臨朐高山東北入鉅定从水羊聲似羊切

濁 水出齊郡厲嬀山東北入鉅定从水蜀聲直角切

溉 水出東海桑瀆覆甑山東北入海一曰灌注也从水既聲古代切

濰 水出琅邪箕屋山東入海徐州浸夏書曰濰淄其道从水維聲以追切

浯 水出琅邪靈門壺山東北入濰从水吾聲五乎切

汶 水出琅邪朱虛東泰山東入濰从水文聲桑欽說汶水出泰山萊蕪西南入泲亡運切

治 水出東萊曲城陽丘山南入海从水台聲直之切

浸 水出魏郡武安東北入呼沱水从水㑴聲㑴籒文寑字子鴆切

湡 水出趙國襄國之西山東北入㴼从水禺聲噳俱切

⿰氵虒 水出趙國襄國東入湡从水虒聲息移切

渚 水在常山中丘逢山東入湡从水者聲爾雅曰小洲曰渚章与切

洨 水出常山石邑井陘東南入于泜从水交聲祁國有洨縣下交切

濟 水出常山房子贊皇山東入泜从水齊聲子礼切

泜 水在常山从水氐聲直尼切

濡 水出涿郡故安東入漆涑从水需聲人朱切

灅 水出右北平浚靡東南入庚从水壘聲九軌切

沽 水出漁陽塞外東入海从水古聲古胡切

沛 水出遼東番汗塞外西南入海从水市聲普蓋切

浿 水出樂浪鏤方東入海从水貝聲一曰出浿水縣普拜切

瀤 北方水也从水褱聲戶乖切

⿰氵纍 水出鴈門陰館累頭山東入海或曰治水也从水纍聲力追切

⿰氵虘 水出北地直路西東入洛从水虘聲側加切

泒 水起鴈門葰人戍夫山東北入海从水瓜聲古胡切

滱 水起北地靈丘東入河从水寇聲滱水即漚夷水并州川也苦候切

淶 水起北地廣昌東入河从水來聲并州浸洛直切

泥 水出北地郁郅北蠻中从水尼聲奴低切

湳 西河

美稷保東北水从水南聲奴感切
漹 水出西河中陽北沙南入河从水焉聲乙乾切
涶 河津也在西河西从水垂聲土禾切
[illegible] 水也从水旟聲以諸切
洵 過水中也从水旬聲相倫切
涻 水出北囂山入邙澤从水舍聲始夜切
[illegible] 水也从水刃聲乃見切
淔 水也从水直聲恥力切
淁 水也从水妾聲七接切
涺 水也从水居聲九魚切
[illegible] 水也从水臬聲其冀切
沋 水也从水尤聲羽求切
洇 水也从水因聲於真切
淉 水也从水果聲古火切
溑 水也从水𧴪聲讀若瑣蘇果切
浝 水也从水尨聲莫江切
[illegible] 水也从水乳聲乃后切
泈 水也从水夂聲夂古文終職戎切
洦 淺水也从水百聲匹白切
汘 水也从水千聲倉先切
洍 水也从水𦣞聲詩曰江有洍詳里切
澥 郭澥海之別也从水解聲一說澥即澥谷也胡買切
漠 北方流沙也一曰清也从水莫聲慕各切
海 天池也以納百川者从水每聲呼改切
溥 大也从水尃聲滂古切
[illegible] 水大至也从水闇聲乙感切
洪 洚水也从水共聲戶工切
洚 水不遵道一曰下也从水夅聲戶工切又下江切
衍 水朝宗于海也从水从行以淺切
潮 水朝宗于海从水朝省臣鉉等曰隸書不省直遙切
濥 水脈行地中濥濥也从水夤聲弋刃切
滔 水漫漫大皃从水舀聲土刀切
涓 小流也从水肙聲爾雅曰汝爲涓古玄切
混 豐流也从水昆聲胡本切

潒 水潒瀁也从水象聲讀若蕩徒朗切
漦 順流也一曰水名从水𠩺聲俟甾切
汭 水相入也从水从内内亦聲而銳切
潚 深清也从水肅聲子叔切
演 長流也一曰水名从水寅聲以淺切
渙 流散也从水奐聲呼貫切
泌 俠流也从水必聲兵媚切
活 水流聲从水昏聲古活切
𣽂 活或从聒
湝 水流湝湝也从水皆聲一曰湝水寒也詩曰風雨湝湝古諧切
泫 湝流也从水玄聲上黨有泫氏縣胡畎切
淲 水流皃从水彪省聲詩曰淲沱北流皮彪切
淢 疾流也从水或聲于逼切
瀏 流清皃从水劉聲詩曰瀏其清矣力久切
濊 礙流也从水歲聲詩云施罟濊濊呼括切
滂 沛也从水旁聲臣鉉等曰今俗別作霶霈非是普郎切
汪 深廣也从水𡉚聲一曰汪池也烏光切
漻 清深也从水翏聲洛蕭切
泚 清也从水此聲千禮切
況 寒水也从水兄聲許訪切
沖 涌搖也从水中讀若動直弓切
汎 浮皃从水凡聲孚梵切
沄 轉流也从水云聲讀若混于分切
浩 澆也从水告聲虞書曰洪水浩浩胡老切
沆 莽沆大水也从水亢聲一曰大澤皃胡朗切
泬 水从孔穴疾出也从水从穴穴亦聲呼穴切
濞 水暴至聲从水鼻聲匹備切
灂 水小聲从水爵聲士角切
潝 水疾聲从水翕聲許及切
滕 水超涌也从水朕聲徒登切
潏 涌出也一曰水中坻人所爲爲潏一曰潏水名在京兆杜陵从水矞聲古穴切

[illegible]

洸　水涌光也从水从光光亦聲詩曰有洸有潰古黃切
波　水涌流也从水皮聲博禾切
澐　江水大波謂之澐从水雲聲王分切
瀾　大波爲瀾从水闌聲洛干切
漣　瀾或从連臣鉉等曰今俗音力延切
淪　小波爲淪从水侖聲詩曰河水清且淪漪一曰没也力迍切
漂　浮也从水票聲匹消切又匹妙切
浮　氾也从水孚聲縛牟切
濫　氾也从水監聲一曰濡上及下也詩曰觱沸濫泉一曰清也盧瞰切
氾　濫也从水巳聲孚梵切
泓　下深皃从水弘聲烏宏切
湋　回也从水韋聲羽非切
測　深所至也从水則聲初側切
湍　疾瀨也从水耑聲他耑切
淙　水聲也从水宗聲藏宗切
激　水礙衺疾波也从水敫聲一曰半遮也古歷切
洞　疾流也从水同聲徒弄切
洶　涌也从水匈聲許拱切
涌　滕也从水甬聲一曰涌水在楚國余隴切
湁　湁湒鬻也从水拾聲丑入切
涳　直流也从水空聲若江切又哭工切
汋　激水聲也从水勺聲井一有水一無水謂之瀱汋市若切
瀱　井一有水一無水謂之瀱汋从水罽聲居例切
渾　混流聲也从水軍聲一曰洿下皃戶昆切
洌　水清也从水列聲易曰井洌寒泉食良辥切
淑　清湛也从水叔聲殊六切
溶　水盛也从水容聲余隴切又音容
澂　清也从水徵省聲臣鉉等曰今俗作澄非是直陵切
清　朖也澂水之皃从水青聲七情切
湜　水清底見也从水是聲詩曰湜湜其止常職切
潣　水流浼浼皃从水閔聲眉殞切
滲　下漉也从水參聲所禁切
潿　不流濁也从水圍聲羽非切
溷　亂也一曰水濁皃从水圂聲胡困切
淈　濁也从水屈聲一曰滒泥一曰水出皃古忽切
漼　深也从水崔聲詩曰有漼者淵七罪切
淵　回水也从水象形左右岸也中象水皃烏玄切
𣶒　淵或省水
囦　古文从口水
濔　滿也从水爾聲奴礼切
澹　水搖也从水詹聲徒濫切
潯　旁深也从水尋聲徐林切
泙　谷也从水平聲符兵切
泏　水皃从水出聲讀若窋竹律切又口兀切
瀳　水至也从水薦聲讀若尊又在甸切
㵂　土得水沮也从水𧗿聲讀若麵竹隻切
滿　盈溢也从水㒼聲莫旱切
滑　利也从水骨聲戶八切
濇　不滑也从水嗇聲色立切
澤　光潤也从水睪聲丈伯切
淫　侵淫隨理也从水㸒聲一曰久雨爲淫余箴切
瀸　漬也从水韱聲爾雅曰泉一見一否爲瀸子廉切
泆　水所蕩泆也从水失聲夷質切
潰　漏也从水貴聲胡對切
沴　水不利也从水㐱聲五行傳曰若其沴作郎計切
淺　不深也从水戔聲七衍切
洔　水暫益且止未減也从水寺聲直里切
消　少減也一曰水門又水出丘前謂之消丘从水省聲息井切
淖　泥也从水卓聲奴教切
濢　小溼也从水翠聲遵誄切
溽　溼暑也从水辱聲而

蜀切

涅 黑土在水中也从水从土日聲奴結切

滋 益也从水茲聲一曰滋水出牛飲山白陘谷東入呼沱子之切

[氵曶] 青黑色从水曶聲呼骨切

浥 溼也从水邑聲於及切

沙 水散石也从水从少水少沙見楚東有沙水所加切

沚 譚長說沙或从尐尐子結切

瀨 水流沙上也从水賴聲洛帶切

濆 水厓也从水賁聲詩曰敦彼淮濆符分切

涘 水厓也从水矣聲周書曰王出涘牀史切

汻 水厓也从水午聲臣鉉等曰今作滸非是呼古切

氿 水厓枯土也从水九聲爾雅曰水醮曰氿居洧切

漘 水厓也从水脣聲詩曰寘河之漘常倫切

浦 瀕也从水甫聲滂古切

沚 小渚曰沚从水止聲詩曰于沼于沚諸市切

沸 畢沸濫泉从水弗聲分勿切又方未切

潨 小水入大水曰潨从水从眾詩曰鳧鷖在潨徂紅切

派 別水也从水从𠂢𠂢亦聲匹賣切

汜 水別復入水也一曰汜窮瀆也从水巳聲詩曰江有汜詳里切臣鉉等曰前汜字音義同蓋或體也

湀 湀辟深水處也从水癸聲求癸切

濘 滎濘也从水寧聲乃定切

滎 絕小水也从水熒省聲戶扃切

洼 深池也从水圭聲一佳切又於瓜切

漥 清水也一曰窊也从水窐聲一穎切又屋瓜切

潢 積水池从水黃聲乎光切

沼 池水从水召聲之少切

湖 大陂也从水胡聲揚州浸有五湖浸川澤所仰以灌溉也戶吳切

汥 水都也从水支聲章移切

洫 十里爲成成閒廣八尺深八尺謂之洫从水血聲論語曰盡力乎溝洫況逼切

溝 水瀆廣四尺深四尺从水冓聲古矦切

瀆 溝也从水賣聲一曰邑中溝徒谷切

渠 水所居从水榘省聲彊魚切

瀶 谷也从水臨聲讀若林一曰寒也力尋切

湄 水艸交爲湄从水眉聲武悲切

洐 溝水行也从水从行戶庚切

澗 山夾水也从水閒聲一曰澗水出弘農新安東南入洛古莧切

澳 隈厓也其內曰澳其外曰隈从水奧聲於六切

澩 夏有水冬無水曰澩从水學省聲讀若學胡角切

澩 澩或不省

灘 水濡而乾也从水𩁹聲詩曰灘其乾矣呼旰切又它干切

灘 俗灘从隹

汕 魚游水皃从水山聲詩曰蒸然汕汕所晏切

決 行流也从水从夬廬江有決水出於大別山古穴切

灓 漏流也从水䜌聲洛官切

滴 水注也从水啻聲都歷切

注 灌也从水主聲之戍切

沃 溉灌也从水芺聲烏鵠切

[氵昔] 所以攤水也从水昔聲漢律曰及其門首洒[氵昔]所責切

澨 埤增水邊土人所止者从水筮聲夏書曰過三澨時制切

津 水渡也从水𦘔聲將鄰切

𦨈 古文津从舟从淮

淜 無舟渡河也从水朋聲皮冰切

橫 小津也从水橫聲一曰以船渡也戶孟切

泭 編木以渡也从水付聲芳無切

渡 濟也从水度聲徒故切

沿 緣水而下也从水㕣聲春秋傳曰王沿夏與專切

泝 逆流而上曰泝洄泝向也水欲下違之而上也从水㡿聲桑故切

遡 泝或从辵朔

洄 泝洄也从水从回戶灰切

泳 潛行水中也从水永聲爲命切

潛 涉水也一曰藏也一曰漢水爲

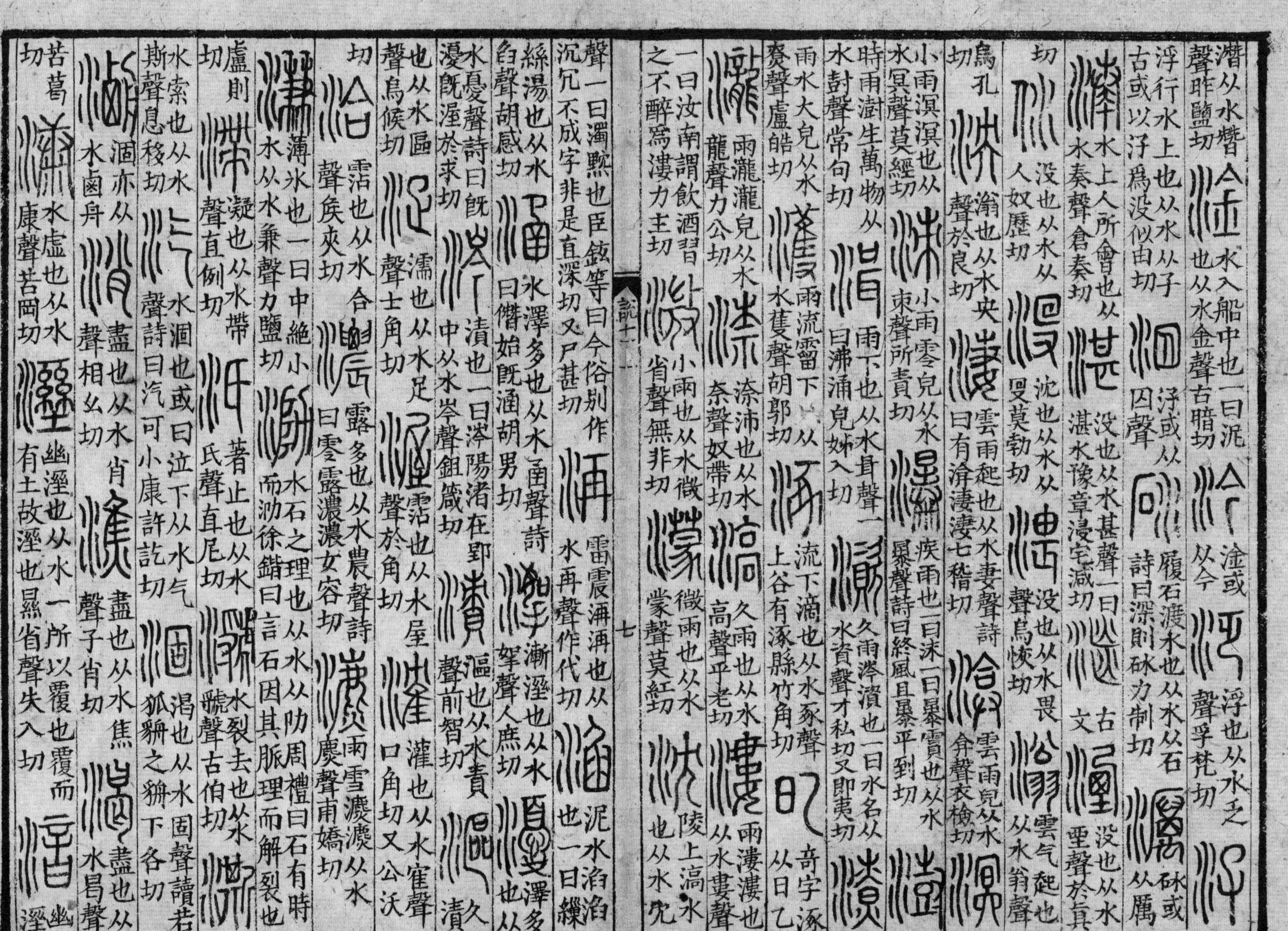

潛从水朁聲昨鹽切

淦 水入船中也一曰泥也从水金聲古暗切

汵 淦或从今

泛 浮也从水乏聲孚梵切

汓 浮行水上也从水从子古或以汓爲没似由切

泅 汓或从囚聲

砅 履石渡水也从水从石詩曰深則砅力制切

濿 砅或从厲

湊 水上人所會也从水奏聲倉奏切

湛 没也从水甚聲一曰湛水豫章浸宅減切

𣴲 古文

湮 没也从水垔聲於眞切

休 没也从水从人奴歷切

没 沈也从水从𠬛莫勃切

渨 没也从水畏聲烏恢切

滃 雲气起也从水翁聲烏孔切

泱 滃也从水央聲於良切

淒 雲雨起也从水妻聲詩曰有渰淒淒七稽切

渰 雲雨皃从水弇聲衣檢切

溟 小雨溟溟也从水冥聲莫經切

涑 小雨零皃从水朿聲所責切

瀑 疾雨也一曰沫也一曰瀑賈也从水暴聲詩曰終風且暴平到切

澍 時雨澍生萬物从水尌聲常句切

湒 雨下也从水咠聲一曰沸涌皃姊入切

澬 久雨涔資也一曰水名从水資聲才私切又即夷切

潦 雨水大皃从水尞聲盧皓切

濩 雨流霤下从水蒦聲胡郭切

涿 流下滴也从水豖聲上谷有涿縣竹角切

㲻 奇字涿从日乙

瀧 雨瀧瀧皃从水龍聲力公切

渿 渿沛也从水柰聲奴帶切

滈 久雨也从水高聲乎老切

漊 雨漊漊也从水婁聲一曰汝南謂飲酒習之不醉爲漊力主切

溦 小雨也从水微省聲無非切

濛 微雨也从水蒙聲莫紅切

沈 陵上滈水也从水冘聲一曰濁黕也臣鉉等曰今俗别作沉冗不成字非是直深切又尸甚切

洅 雷震洅洅也从水再聲作代切

淊 泥水淊淊也一曰繅絲湯也从水臽聲胡感切

涵 水澤多也从水圅聲詩曰僭始既涵胡男切

洳 漸溼也从水挐聲人庶切

瀀 澤多也从水憂聲詩曰既瀀既渥於求切

涔 漬也一曰涔陽渚在郢中从水岑聲鉏箴切

漬 漚也从水責聲前智切

漚 久漬也从水區聲烏候切

浞 濡也从水足聲士角切

渥 霑也从水屋聲於角切

㶅 灌也从水隺聲口角切又公沃切

洽 霑也从水合聲侯夾切

濃 露多也从水農聲詩曰零露濃濃女容切

瀌 雨雪瀌瀌从水麃聲甫嬌切

溓 薄水也一曰中絕小水从水兼聲力鹽切

泐 水石之理也从水从阞周禮曰石有時而泐徐鍇曰言石因其脈理而解裂也盧則切

滯 凝也从水帶聲直例切

汦 著止也从水氏聲直尼切

㶁 水裂去也从水虢聲古伯切

澌 水索也从水斯聲息移切

汔 水涸也或曰泣下从水气聲詩曰汔可小康許訖切

涸 渴也从水固聲讀若狐貈之貈下各切

𣶒 涸亦从水鹵舟

消 盡也从水肖聲相幺切

潐 盡也从水焦聲子肖切

渴 盡也从水曷聲苦葛切

漮 水虛也从水康聲苦岡切

溼 幽溼也从水一所以覆也覆而有土故溼也㬎省聲失入切

湆 幽溼

也从水音聲去急切 洿 濁水不流也一曰窳下也从水夸聲哀都切 浼 汙也从水免聲詩曰河水浼浼孟子曰汝安能浼我武辠切
汙 薉也一曰小池爲汙一曰涂也从水于聲烏故切 湫 隘下也一曰有湫水在周地春秋傳曰晏子之宅秋隘安定朝那有湫泉从水秋聲子了切又即由切
潤 水曰潤下从水閏聲如順切 準 平也从水隼聲之允切 汀 平也从水丁聲他丁切 ⿰平丁 汀或从平
沑 水吏也又温也从水丑聲人九切 瀵 水浸也从水糞聲爾雅曰瀵大出尾下方問切 ⿰氵辠 新也从水辠聲七辠切
瀞 無垢薉也从水靜聲疾正切 瀎 拭滅皃从水蔑聲莫達切 泧 瀎泧也从水戉聲讀若椒榝之榝又火活切 洎 灌釜也从水自聲其冀切
湯 熱水也从水昜聲土郎切 渜 湯也从水耎聲乃管切 洝 渜水也从水安聲烏旰切 洏 洝也一曰煮孰也从水而聲如之切
涗 財温水也从水兌聲周禮曰以涗漚其絲輸芮切 涫 鬻也从水官聲酒泉有樂涫縣古玩切
涾 涫溢也今河朔方言謂沸溢爲涾从水沓聲徒合切 汏 淅⿰氵簡也从水大聲代何切又徒蓋切 ⿰氵簡 淅也从水簡聲古限切
淅 汏米也从水析聲先擊切 滰 浚乾漬米也从水竟聲孟子曰夫子去齊滰淅而行其兩切 溲 浸沃也从水叜聲疎有切
浚 杼也从水夋聲私閏切 瀝 浚也从水歷聲一曰水下滴瀝郎擊切 漉 浚也从水鹿聲盧谷切 淥 漉或从彔 潘

淅米汁也一曰水名在河南滎陽从水番聲普官切 瀾 潘也从水蘭聲洛干切 泔 周謂潘曰泔从水甘聲古三切 滫 久泔也从水脩聲息流切又思酒切
澱 滓滋也从水殿聲堂練切 淤 澱滓濁泥从水於聲依據切 滓 澱也从水宰聲阻史切 淰 濁也从水念聲乃忝切
瀹 漬也从水龠聲以灼切 ⿱网⿰氵焦 釃酒也一曰浚也从网从水焦聲讀若夏書天用勦絕臣鉉等曰以縑帛漉酒故从网子小切
⿰殸水 例出泉也从水殸聲殸籒文磬字去挺切 湑 莤酒也一曰浚也一曰露皃从水胥聲詩曰有酒湑我又曰零露湑兮私吕切
湎 沈於酒也从水面聲周書曰罔敢湎于酒彌兗切 漿 酢䊩也从水將省聲即良切 ⿰爿水 古文漿省
涼 薄也从水京聲吕張切 淡 薄味也从水炎聲徒敢切 涒 食已而復吐之从水君聲爾雅曰太歲在申曰涒灘他昆切
澆 漢也从水堯聲古堯切 液 盡也从水夜聲羊益切 汁 液也从水十聲之入切 滒 多汁也从水哥聲讀若哥古俄切
灝 豆汁也从水顥聲乎老切 溢 器滿也从水益聲夷質切 洒 滌也从水西聲古文爲灑埽字先禮切 滌 洒也从水條聲徒歷切
濈 和也从水戢聲阻立切 瀋 汁也从水審聲春秋傳曰猶拾瀋昌枕切 渳 飲也从水弭聲綿婢切
⿰氵算 飲歃也一曰吮也从水算聲穌洽切又先活切 漱 盪口也从水敕聲所右切 泂 滄也从水同聲戶褧切

[illegible]

滄寒也从水倉聲七岡切⿰氵靚冷寒也从水靚聲七定切淬滅火器也从水卒聲七內切沐濯髮也从水木聲莫卜切沬洒面也从水未聲荒內切頮古文沬从頁浴洒身也从水谷聲余蜀切澡洒手也从水喿聲子晧切洗洒足也从水先聲穌典切汲引水於井也从水从及及亦聲居立切淳淥也从水享聲常倫切淋以水沃也从水林聲一曰淋淋山下水皃力尋切渫除去也从水枼聲私列切澣濯衣垢也从水榦聲胡玩切浣澣或从完濯澣也从水翟聲直角切涑澣也从水束聲河東有涑水速侯切潎於水中擊絮也从水敝聲匹蔽切⿰氵⿱尨土涂也从水从土尨聲讀若隴又亡江切灑汛也从水麗聲山豉切汛灑也从水卂聲息晉切染以繒染爲色从水杂聲徐鍇曰說文無杂字裴光遠云从木木者所以染梔茜之屬也从九九者染之數也未知其審而琰切泰滑也从廾从水大聲他蓋切臣鉉等曰本音他達切今左氏傳作汰輣非是夳古文泰⿰氵閻海岱之間謂相汙曰⿰氵閻从水閻聲余廉切灒汙灑也一曰水中人从水贊聲則旰切⿰氵愁腹中有水气也从水从愁愁亦聲士尤切湩乳汁也从水重聲多貢切洟鼻液也从水夷聲他計切潸涕流皃从水散省聲詩曰潸焉出涕所姦切汗人液也从水干聲侯旰切泣無聲出涕曰泣从水立聲去急切涕泣也从水弟聲他禮切湅⿰氵簡也从水柬聲郎甸切讞議辠也从水獻與法同意魚列切渝變汙也从水俞聲一曰渝水在遼西臨俞東出塞羊朱切減損也从水咸聲古斬切滅盡也从水烕聲亡列切漕水轉轂也一曰人之所乘及船也从水曹聲在到切泮諸侯鄉射之宮西南爲水東北爲牆从水从半半亦聲普半切漏以銅受水刻節晝夜百刻从水屚聲盧后切澒丹沙所化爲水銀也从水項聲呼孔切萍苹也水艸也从水苹苹亦聲薄經切濊水多皃从水歲聲呼會切汩治水也从水曰聲于筆切

文四百六十八　重二十二

瀼露濃皃从水襄聲汝羊切漙露皃从水專聲度官切汍泣淚皃从水丸聲胡官切泯滅也从水民聲武盡切瀣沆瀣气也从水瀣省聲胡介切瀘水名从水盧聲洛乎切瀟水名从水蕭聲相邀切瀛水名从水嬴省聲以成切滁水名从水除聲直魚切洺水名从水名聲武幷切潺水聲从水孱聲昨閑切湲潺湲水聲从水爰聲王權切濤大波也从水壽聲徒刀切漵水浦也从水敘聲徐呂切港水派也从水巷聲古項切潴水所亭也从水豬聲

陟魚切

瀰 大水也从水爾聲武移切

淼 大水也从三水或作渺亡沼切

潔 瀞也从水絜聲古屑切

浹 洽也从水夾聲子協切

溘 奄忽也从水盇聲口荅切

潠 含水噴也从水巽聲穌困切

涯 水邊也从水从厓厓亦聲魚羈切

文二十三 新附

說文解字第十一上

說文解字第十一下　漢太尉祭酒許愼記

銀青光祿大夫守右散騎常侍上柱國東海縣開國子食邑五百戶臣徐鉉等奉

敕校定

沝 二水也。闕。凡沝之屬皆从沝。之壘切

𣴸 水行也。从沝㐬。㐬，突忽也。力求切　流 篆文从水　𣵽 徒行厲水也。从沝从步。時攝切　涉 篆文从水

文三　重二

頻 水厓。人所賓附，頻蹙不前而止。从頁从涉。凡頻之屬皆从頻。臣鉉等曰：今俗別作水濱，非是。符眞切

顰 涉水顰蹙。从頻卑聲。符眞切

文二

〈 水小流也。周禮：匠人爲溝洫，梠廣五寸，二梠爲耦；一耦之伐，廣尺深尺，謂之〈；倍〈謂之遂；倍遂曰溝；倍溝曰洫；倍洫曰巜。凡〈之屬皆从〈。姑泫切

甽 古文〈从田从川。　畎 篆文〈从田犬聲。六畎爲一畝。

文一　重二

巜 水流澮澮也。方百里爲巜，廣二尋，深二仞。凡巜之屬皆从巜。古外切

粼 水生厓石間粼粼也。从巜粦聲。力珍切

文二

川 貫穿通流水也。虞書曰：濬〈巜距川。言深〈巜之水會爲川也。凡川之屬皆从川。昌緣切

巠 水脈也。从川在一下。一，地也。壬省聲。一曰水冥巠也。古靈切　𡿧 古文巠不省。

巟 水廣也。从川亡聲。易曰：包巟用馮河。呼光切

𠪚 水流也从川或聲于逼切 𡿺 水流也从川曰聲于筆切 𡿧 水流𡿧𡿧也从川列省聲臣鉉等曰列字从𡿧此疑誤當从𡿧省良辥切

邕 四方有水自邕城池者从川从邑於容切 𡿧 籀文邕 𢀠 害也从一雝川春秋傳曰川雝爲澤凶祖才切 侃 剛直也从㐰㐰古文信从川取其不舍晝夜論語曰子路侃侃如也空旱切 州 水中可居曰州周遶其旁从重川昔堯遭洪水民居水中高土或曰九州詩曰在河之州一曰州疇也各疇其土而生之臣鉉等曰今別作洲非是職流切 𡿧 古文州

文十　重三

泉 水原也象水流出成川形凡泉之屬皆从泉疾緣切

䜭 泉水也从泉緐聲讀若飯符萬切

灥 三泉也闕凡灥之屬皆从灥詳遵切

𠫐 水泉本也从灥出厂下愚袁切 原 篆文从泉臣鉉等曰今別作源非是

文二　重一

永 長也象水巠理之長詩曰江之永矣凡永之屬皆从永于憬切

羕 水長也从永羊聲詩曰江之羕矣余亮切

文二

𠂢 水之衺流別也从反永凡𠂢之屬皆从𠂢讀若稗縣徐鍇曰永長流也反即分𠂢也匹卦切

衇 血理分衺行體者从𠂢从血莫獲切 脈 衇或从肉 䘑 籀文 覛 衺視也从𠂢从見莫狄切 𧢼 籀文

文三　重三

谷 泉出通川爲谷从水半見出於口凡谷之屬皆从谷古祿切

谿 山瀆无所通者从谷奚聲苦兮切 𧮫 通谷也从谷害聲呼括切 𧮭 空谷也从谷翏聲洛蕭切 䜪 大長谷也从谷龍聲讀若聾盧紅切 谹 谷中響也从谷厷聲戶萌切 㕡 深通川也从谷从𣦻𣦻殘地阬坎意也虞書曰㕡畎澮距川私閏切

濬 容或从水 𡿺 古文容 谸 望山谷谸谸青也从谷千聲 倉絢切

文八 重二

仌 凍也象水凝之形凡仌之屬皆从仌 筆陵切

冰 水堅也从仌从水 魚陵切 臣鉉等曰今作筆陵切以爲冰凍之冰 凝 俗冰从疑 凛 寒也从仌廩聲 力稔切 凊 寒也从仌青聲 七正切 凍 仌也从仌東聲 多貢切 凌 仌出也从仌朕聲詩曰納于凌陰 力膺切 𣸩 凌或从夌 凘 流仌也从仌斯聲 息移切 凋 半傷也从仌周聲 都僚切 冬 四時盡也从仌从夂夂古文終字 都宗切 𣅶 古文冬从日 冶 銷也从仌台聲 羊者切 滄 寒也从仌倉聲 初亮切 冷 寒也从仌令聲 魯打切 㴔 寒也从仌函聲 胡男切 滭 風寒也从仌畢聲 卑吉切 冹 一之日滭冹从仌犮聲 分勿切 凓 寒也从仌栗聲 力質切 瀨 寒也从仌賴聲 洛帶切

文十七 重三

雨 水从雲下也一象天冂象雲水霝其閒也凡雨之屬皆从雨 王矩切

𠕲 古文

靁 陰陽薄動靁雨生物者也从雨畾象回轉形 魯回切 𩆷 古文靁 𩇓 古文靁 𩆸 籒文 靁閒有回回靁聲也 霣 雨也齊人謂靁爲霣从雨員聲一曰雲轉起也 于敏切 𩃬 古文霣 霆 雷餘聲也鈴鈴所以挺出萬物从雨廷聲 特丁切 霅 雷霅霅震電皃一曰衆言也从雨譶省聲 丈甲切 電 陰陽激燿也从雨从申 堂練切 𩁼 古文電 震 劈歷振物者从雨辰聲春秋傳曰震夷伯之廟 章刃切 臣鉉等曰今俗別作霹靂非是 𩆜 籒文震 雪 凝雨說物者从雨彗聲 相絕切 霰 稷雪也从雨散聲 穌甸切 霓 霰或从見 雹 雨冰也从雨包聲 蒲角切 𩂣 古文雹 霝 雨零也从雨㗊象零形詩曰霝雨其濛 郎丁切 䨀 雨零也从雨各聲 盧各切 零 餘雨也从雨令聲 郎丁切 𩅪 小雨財零也从雨鮮聲讀若斯 息移切 霢 霢霂小雨也从雨脈聲 莫獲切 霂 霢霂也从雨沐聲 莫卜切 𩆅 小雨也从雨酸聲 素官切 䨟 微雨也从雨𢦏聲又讀若芟 子廉切 𩅠 小雨也从雨衆聲明堂月令曰𩅠雨 職戎切 霃 久陰也从雨沈聲 直深切 𩃬 久雨也从雨兼聲 力鹽切 𩃢 久雨也从雨函聲 胡男切 霖 雨三日已往从雨林聲 力尋切 𩅰 霖雨也南陽謂霖𩅰从雨㐺聲 銀箴切 𩃵 雨聲从雨眞聲讀若資 即夷切 𩂦 雨皃方語也从雨禹聲讀若禹 王矩切 𩄭 小雨也从雨僉聲 子

廉切

霑 雨䨢也从雨沾聲張廉切

䨢 濡也从雨染聲而琰切

霤 屋水流也从雨留聲力救切

屚 屋穿水下也从雨在尸下尸者屋也盧后切

䨣 雨濡革也从雨从革讀若膊匹各切

霽 雨止也从雨齊聲子計切

霋 霽謂之霋从雨妻聲七稽切

𩅰 雨止雲罷皃从雨郭聲臣鉉等曰今別作廓非是苦郭切

露 潤澤也从雨路聲洛故切

霜 喪也成物者从雨相聲所莊切

霚 地气發天不應从雨敄聲亡遇切

雺 籒文省

霾 風雨土也从雨貍聲詩曰終風且霾莫皆切

霿 天气下地不應曰霿霿晦也从雨瞀聲莫弄切

霓 屈虹青赤或白色陰气也从雨兒聲五雞切

[雨執] 寒也从雨執聲或曰早霜讀若春秋傳墊阨都念切

雩 夏祭樂于赤帝以祈甘雨也从雨于聲羽俱切

𦐔 或从羽雩羽舞也

需 𩑋也遇雨不進止𩑋也从雨而聲易曰雲上於天需臣鉉等案李陽冰據易雲上於天云當从天然諸本及前作所書皆从而無有从天者相俞切

䨒 水音也从雨羽聲王矩切

文四十七　重十一

霞 赤雲气也从雨段聲胡加切

霏 雨雲皃从雨非聲芳非切

霎 小雨也从雨妾聲山洽切

䨴 黮䨴雲黑皃从雨對聲徒對切

靄 雲皃从雨藹省聲於蓋切

文五　新附

雲 山川气也从雨云象雲回轉形凡雲之屬皆从雲王分切

云 古文省雨

(古文) 亦古文雲

霠 雲覆日也从雲今聲於今切

侌 古文或省

㕾 亦古文霠

文二　重四

魚 水蟲也象形魚尾與燕尾相似凡魚之屬皆从魚語居切

鰖 魚子已生者从魚橢省聲徒果切

𩸂 籒文

鮞 魚子也一曰魚之美者東海之鮞从魚而聲讀若而如之切

魼 魚也从魚去聲去魚切

魶 魚似鼈無甲有尾無足口在腹下从魚納聲奴荅切

鰨 虛鰨也从魚翕聲土盍切

鱒 赤目魚从魚尊聲慈損切

[魚粦] 魚也从魚粦聲力珍切

鰫 魚也从魚容聲余封切

[魚胥] 魚也从魚胥聲相居切

鮪 鮥也周禮春獻王鮪从魚有聲榮美切

䱍 鮔䲛也周禮謂之䱍从魚恆聲古恒切

䲛 䱍䲛也从魚巟聲武登切

鮛 叔鮪也从

魚各聲。盧各切。鯀 魚也。从魚系聲。臣鉉等曰：系非聲，疑从孫省。古本切。鰥 魚也。从魚眔聲。李陽冰曰：當从罤省。古頑切。

鯉 鱣也。从魚里聲。良止切。鱣 鯉也。从魚亶聲。張連切。䲝 籀文鱣。鱄 魚也。从魚專聲。旨兖切。鮦

魚名。从魚同聲。一曰鱶也。讀若絝襱。直隴切。鱶 鮦也。从魚蠡聲。盧啓切。⿰魚婁 魚名。一名鯉，一名鰜。从魚婁聲。洛侯切。鰜

魚名。从魚兼聲。古甜切。鯈 魚名。从魚攸聲。直由切。⿰魚豆 魚名。从魚豆聲。天口切。鯾 魚名。从魚便聲。房連切。

鯿 鯾又从扁。魴 赤尾魚。从魚方聲。符方切。鰟 魴或从旁。鱮 魚名。从魚與聲。徐呂切。鰱 魚名。从魚連聲。力延切。

鮍 魚名。从魚皮聲。敷羈切。⿰魚幼 魚名。从魚幼聲。讀若幽。於糾切。鮒 魚名。从魚付聲。符遇切。⿰魚巠 魚名。从魚巠聲。

仇成切。⿰魚脊 魚名。从魚脊聲。資昔切。鱺 魚名。从魚麗聲。郎兮切。鰻 魚名。从魚曼聲。母官切。鱯 魚名。从魚蒦聲。

胡化切。魾 大鱯也。其小者名鮡。从魚丕聲。敷悲切。鱧 鱯也。从魚豊聲。盧啓切。⿰魚果 鱧也。从魚果聲。胡瓦切。鱨 揚也。

从魚嘗聲。市羊切。鱏 魚名。从魚覃聲。傳曰：伯牙鼓琴，鱏魚出聽。余箴切。鯢 刺魚也。从魚兒聲。五雞切。鰼 鰌也。从魚習聲。

似入切。鰌 鰼也。从魚酋聲。七由切。鯇 魚名。从魚完聲。戶版切。魠 哆口魚也。从魚乇聲。他各切。鮆 飲而不食刀魚

也。九江有之。从魚此聲。徂禮切。鮀 鮎也。从魚它聲。徒何切。鮎 鰋也。从魚占聲。奴兼切。⿰魚晏 鮀也。从魚晏聲。於幰切。鰋

鰋或从匽。鮷 大鮎也。从魚弟聲。杜兮切。⿰魚賴 魚名。从魚賴聲。洛帶切。⿰魚朁 魚名。从魚朁聲。鉏箴切。⿰魚翁 魚名。从魚翁聲。

烏紅切。鰫 魚名。从魚容聲。尸賺切。鱖 魚名。从魚厥聲。居衛切。鯫 白魚也。从魚取聲。士垢切。鱓 魚名。皮可爲鼓。从魚單聲。

常演切。鮸 魚名。出薉邪頭國。从魚免聲。亡辨切。魵 魚名。出薉邪頭國。从魚分聲。符分切。⿰魚虜 魚名。出樂浪潘國。从魚虜聲。郎古切。

鰸 魚名。狀似蝦，無足，長寸，大如叉股。出遼東。从魚區聲。豈俱切。鯜 魚名。出樂浪潘國。从魚妾聲。七接切。⿰魚巿 魚名。出樂浪潘國。从魚巿

聲。博蓋切。⿰魚匊 魚名。出樂浪潘國。从魚匊聲。一曰⿰魚匊魚出江東，有兩乳。居六切。魦 魚名。出樂浪潘國。从魚沙省聲。所加切。

鱳 魚名。出樂浪潘國。从魚樂聲。盧谷切。鮮 魚名。出貉國。从魚羴省聲。相然切。鰅 魚名。皮有文。出樂浪東暆。神爵四年初捕

收輸考工。周成王時揚州獻鰅。从魚禺聲。魚容切。鱅 魚名。从魚庸聲。蜀容切。鰂 烏鰂，魚名。从魚則聲。昨則切。鯽 鰂或从即。

鮐 海魚名。从魚台聲。徒哀切。鮊 海魚名。从魚白聲。旁陌切。鰒 海魚名。从魚复聲。蒲角切。鮫 海魚，皮可飾刀。从魚

交聲。古肴切。⿰魚畺 海大魚也。从魚畺聲。春秋傳曰：取其⿰魚畺鯢。渠京切。鯨 ⿰魚畺或从京。鯁 魚骨也。从魚更聲。古杏切。

[illegible]

鱗魚甲也从魚粦聲力珍切鮏魚臭也从魚生聲臣鉉等曰今俗作鯹桑經切鱢鮏臭也从魚喿聲周禮曰膳膏鱢穌遭切

鮨魚胎醬也出蜀中从魚旨聲一曰鮪魚名旨夷切鮺藏魚也南方謂之魿北方謂之鮺从魚差省聲側下切魿鮺也

一曰大魚爲鮺小魚爲魿从魚今聲徂慘切鮑饐魚也从魚包聲薄巧切魿蟲連行紆行者从魚令聲郎丁切

鰕魵也从魚叚聲乎加切鰝大鰕也从魚高聲胡到切鮥當互也从魚各聲其久切魧大貝也一曰魚膏从魚亢聲讀若岡古郎切

鮩蚌也从魚丙聲兵永切鮚蚌也从魚吉聲漢律會稽郡獻鮚醬巨乙切鮅魚名从魚必聲毗必切鱹魚名从魚

瞿聲九遇切鯸魚名从魚侯聲乎鉤切鯛骨耑脃也从魚周聲都僚切鯙烝然鯙鯙从魚卓聲都教切鮁

鱣鮪鮁鮁从魚犮聲北末切𩵹鯕魚出東萊从魚夫聲甫無切鯕魚名从魚其聲渠之切鮡魚名从魚兆聲治小切

魤魚名从魚匕聲呼跨切鱻新魚精也从三魚不變魚徐鍇曰三衆也衆而不變是鱻也相然切

文一百三　重七

鰈比目魚也从魚枼聲土盍切魮文魮魚名从魚比聲房脂切鰩文鰩魚名从魚䍃聲余招切

文三新附

𩺰二魚也凡𩺰之屬皆从𩺰語居切

𤁡捕魚也从𩺰从水語居切漁篆文𤁡从魚

文二　重一

燕玄鳥也籋口布翄枝尾象形凡燕之屬皆从燕於甸切

文一

龍鱗蟲之長能幽能明能細能巨能短能長春分而

登天秋分而潛淵从肉飛之形童省聲臣鉉等曰象

轉飛動之皃凡龍之屬皆从龍力鍾切

龗龍也从龍霝聲郎丁切龕龍皃从龍合聲口含切𪚰龍耆脊上𪚰𪚰从龍幵聲古賢切龖飛龍也从二龍讀若沓徒合切

文五

飛鳥翥也象形凡飛之屬皆从飛甫微切

翼 翄也从飛異聲与職切 𦐊 篆文翼从羽 文二 重一

非 違也从飛下翄取其相背凡非之屬皆从非 甫微切

⿰非己 別也从非己聲非尾切 靡 披靡也从非麻聲文彼切 靠 相違也从非告聲苦到切 ⿰陛非 牢也所以拘非也从非陛省聲邊兮切

文五

卂 疾飛也从飛而羽不見凡卂之屬皆从卂 息晉切

煢 回疾也从卂營省聲渠營切

文二

說文解字第十一下

銀青光祿大夫守右散騎常侍上柱國東海縣開國子食邑五百户臣徐鉉等奉
敕校定

三十六部　七百七十九文　重八十四
凡九千二百三字
文三十新附

乙　玄鳥也。齊魯謂之乙。取其鳴自呼。象形。凡乙之屬皆从乙。徐鍇曰：此與甲乙之乙相類，其形舉首下曲，與甲乙字少異。烏轄切

鳦　乙或从鳥。

孔　通也。从乙从子。乙，請子之候鳥也。乙至而得子，嘉美之也。古人名嘉字子孔。康董切

乳　人及鳥生子曰乳，獸曰産。从孚从乙。乙者，玄鳥也。明堂月令：玄鳥至之日，祠于高禖以請子。故乳从乙。請子必以乙至之日者，乙春分來，秋分去，開生之候鳥，帝少昊司分之官也。而主切

文三　重一

不　鳥飛上翔不下來也。从一，一猶天也。象形。凡不之屬皆从不。方久切

否　不也。从口从不，不亦聲。徐鍇曰：不可之意見於言，故从口。方久切

文二

至　鳥飛从高下至地也。从一，一猶地也。象形。不上去而至下，來也。凡至之屬皆从至。脂利切

𡉀　古文至。

到　至也。从至刀聲。都悼切

臻　至也。从至秦聲。側詵切

𦤶　忿戾也。从至，至而復遜。遜，遁也。周書曰：有夏氏之民叨𦤶。𦤶讀若摯。丑利切

臺　觀四方而高者。从至从之从高省。與室屋同意。徒哀切

臸　到也。从二至。人質切

文六　重一

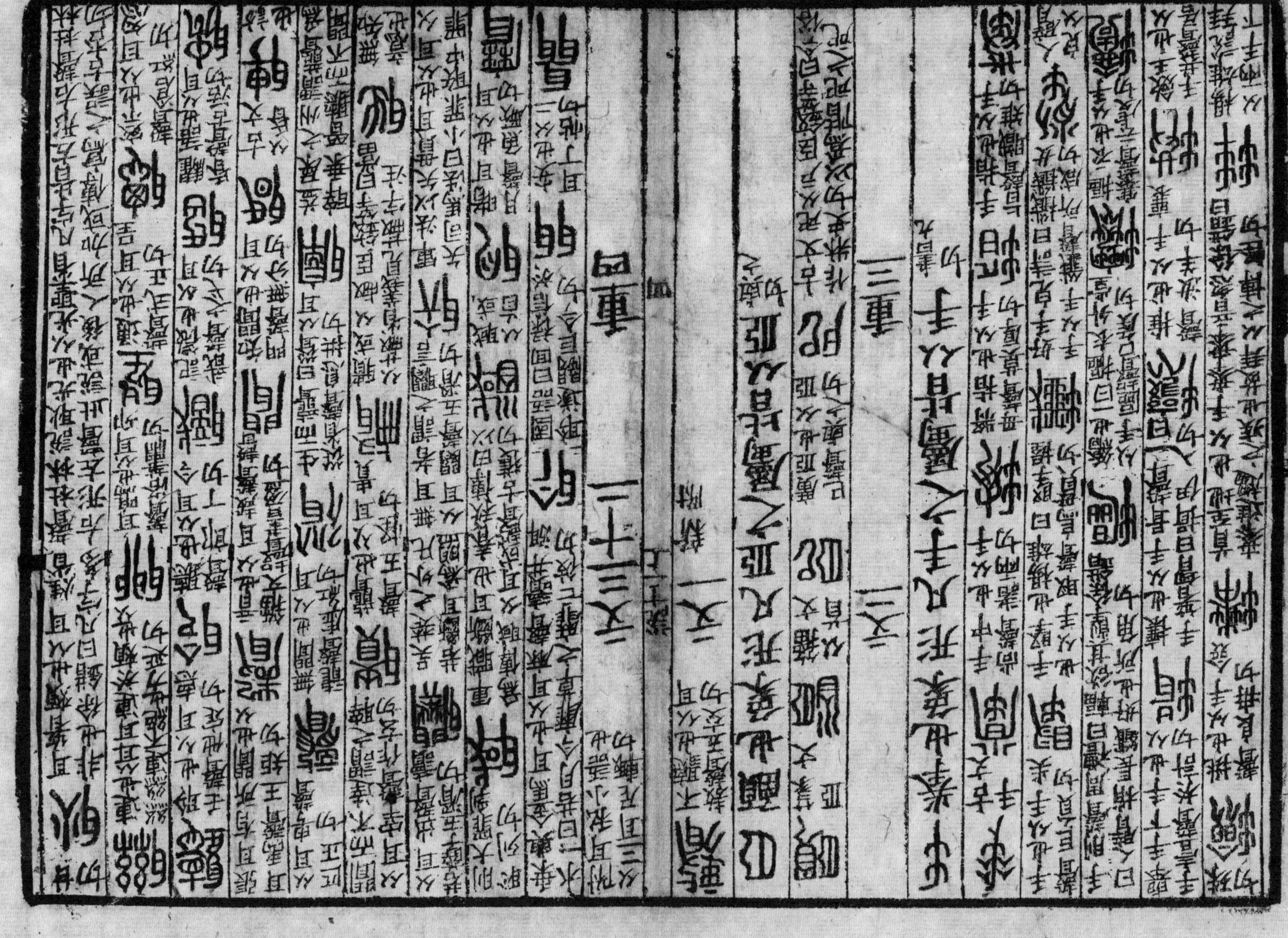

西　鳥在巢上。象形。日在西方而鳥棲，故因以爲

[illegible]
文六　重一
[illegible]
文三
[illegible]
文二十　重八
[illegible]

東西之西凡西之屬皆从西先稽切
棲 西或从木妻
卤 古文西
卥 籀文西
䙷 姓也从西圭聲戶圭切
文二 重三

鹵 西方鹹地也从西省象鹽形安定有鹵縣東方謂之㡿西方謂之鹵凡鹵之屬皆从鹵郎古切
鹺 鹹也从鹵差省聲河内謂之鹺沛人言若虘昨河切
鹹 銜也北方味也从鹵咸聲胡毚切
文三

鹽 鹹也从鹵監聲古者宿沙初作煑海鹽凡鹽之屬皆从鹽余廉切
盬 河東鹽池袤五十一里廣七里周百十六里从鹽省古聲公戶切
鹼 鹵也从鹽省僉聲魚欠切
文三

戶 護也半門曰戶象形凡戶之屬皆从戶侯古切
[illegible] 古文戶从木
扉 戶扇也从戶非聲甫微切
扇 扉也从戶从翄聲式戰切
房 室在旁也从戶方聲符方切
戾 輜車旁推戶也从戶大聲讀與釱同徒蓋切
戹 隘也从戶乙聲於革切
肁 始開也从戶从聿臣鉉等曰聿者始也治矯切
扆 戶牖之間謂之扆从戶衣聲於豈切
[illegible] 閉也从戶劫省聲口盍切
扃 外閉之關也从戶冋聲古熒切
文十 重一

門 聞也从二戶象形凡門之屬皆从門莫奔切
閶 天門也从門昌聲楚人名門曰閶闔尺量切
闈 宮中之門也从門韋聲羽非切
[illegible] 謂之樀樀廟門也从門詹聲余廉切
閎 巷門也从門厷聲戶萌切
閨 特立之戶上圜下方有似圭从門圭聲古攜切
閤 門旁戶也从門合聲古沓切
闟 樓上戶也从門翕聲徒盍切
閈 門也从門干聲汝南平輿里門曰閈侯旰切
閭 里門也从門呂聲周禮五家爲比五比爲閭閭侶也二十五家相群侶也力居切
閻 里中門也从門臽聲余廉切
壛 閻或从土
闠 市外門也从門貴聲胡對切
闉 城內重門也从門垔聲詩曰出其闉闍於眞切
闍 闉闍也从門者聲當孤切
闕 門觀也从門欮聲去月切
閞 門欂櫨也从門弁聲皮變切
[illegible] 門扇也从門介聲胡介切
闔 門扇也一曰閉也从門盍聲胡臘切
闑 門梱也从門臬聲魚列切

閾 門榍也从門或聲論語曰行不履閾于逼切
𨵦 古文閾从洫
閬 門高也从門良聲巴郡有閬中縣來宕切
闢 開也从門辟聲房益切
⿵門𠬜 虞書曰闢四門从門从𠬜
⿵門爲 闢門也从門爲聲國語曰闢門而與之言韋委切
闡 開也从門單聲易曰闡幽昌善切
開 張也从門从幵苦哀切
𨳍 古文開
闓 開也从門豈聲苦亥切
閜 大開也从門可聲大杯亦爲閜火下切
閘 開閉門也从門甲聲烏甲切
閟 閉門也从門必聲春秋傳曰閟門而與之言兵媚切
閣 所以止扉也从門各聲古洛切
閒 隟也从門从月徐鍇曰夫門夜閉閉而見月光是有閒隟也古閑切
𨳇 古文閒
⿵門阿 門傾也从門阿聲烏可切
閼 遮攤也从門於聲烏割切
⿵門繇 開閉門利也从門繇聲一曰縷十紘也臣鉉等曰繇非聲未詳旨沇切
⿵門曷 門聲也从門曷聲乙鎋切
⿵門鄉 門響也从門鄉聲許亮切
闌 門遮也从門柬聲洛干切
閑 闌也从門中有木戶閒切
閉 闔門也从門才所以歫門也博計切
閡 外閉也从門亥聲五溉切
闇 閉門也从門音聲烏紺切
關 以木橫持門戶也从門𢇍聲古還切
⿵門龠 關下牡也从門龠聲以灼切
闐 成皃从門眞聲待季切
闛 闛闛盛皃从門堂聲徒郎切
閹 豎也宮中奄閽閉門者从門奄聲英廉切
閽 常以昏閉門隸也从門从昏昏亦聲呼昆切
闚 閃也从門規聲去隓切
⿵門䜌 妄入宮掖也从門䜌聲讀若闌洛干切
⿵門二 登也从門二二古文下字讀若軍敶之敶臣鉉等曰下言自下而登上也故从下商書曰若外高必自下直刃切
閃 闚頭門中也从人在門中失冉切
閱 具數於門中也从門說省聲弋雪切
闋 事已閉門也从門癸聲傾雪切
闞 望也从門敢聲苦濫切
闊 疏也从門活聲苦括切
閔 弔者在門也从門文聲臣鉉等曰今別作憫非是眉殞切
𢘍 古文閔
闖 馬出門皃从馬在門中讀若郴丑禁切

文五十七　重六

闤 市垣也从門睘聲戶關切
闥 門也从門達聲他達切
閌 閌閬高門也从門亢聲苦浪切
閥 閥閱自序也从門伐聲義當通用伐房越切
闃 靜也从門狊聲臣鉉等案易窺其戶闃其無人窺小視也狊大張目也言始小視之雖大張目亦不見人也義當只用狊字苦狊切

文五　新附

耳 主聽也象形凡耳之屬皆从耳而止切
耴 耳垂也从耳下垂象形春秋傳曰秦公子輒者其耳下垂故以爲名陟葉切
⿰耳占 小垂耳也从耳占聲丁兼切
耽 耳大垂也从耳冘聲詩曰士之耽兮丁含切
聃 耳曼也从耳冄聲他甘切
⿰耳甘 聃或从甘
聸 垂耳也从耳詹聲南方瞻耳之國都

[illegible]

文十

[illegible] 凡戶之屬皆从戶

[illegible]

文五十[illegible] 重六

[illegible]

甘切

耿 耳箸頰也。从耳，烓省聲。杜林說：耿，光也。从光，聖省。凡字皆左形右聲。杜林非也。徐鍇曰：凡字多右形左聲。此說或後人所加，或傳寫之誤。古杏切

聯 連也。从耳，耳連於頰也；从絲，絲連不絕也。力延切

聊 耳鳴也。从耳卯聲。洛蕭切

聖 通也。从耳呈聲。式正切

聰 察也。从耳悤聲。倉紅切

聽 聆也。从耳、㥁，壬聲。他定切

聆 聽也。从耳令聲。郎丁切

職 記微也。从耳戠聲。之弋切

聒 讙語也。从耳昏聲。古活切

聥 張耳有所聞也。从耳禹聲。王矩切

聲 音也。从耳殸聲。殸，籀文磬。書盈切

聞 知聞也。从耳門聲。無分切

䎽 古文从昏。

聘 訪也。从耳甹聲。匹正切

聾 無聞也。从耳龍聲。盧紅切

聳 生而聾曰聳。从耳，從省聲。息拱切

聹 益梁之州謂聾爲聹，秦晉聽而不聞、聞而不達謂之聹。从耳宰聲。作亥切

聵 聾也。从耳貴聲。五怪切

䏸 聵或从欳。臣鉉等曰：當从蔽省。義見蔽字注。

聉 無知意也。从耳出聲。讀若孽。五滑切

𦗕 吳楚之外，凡無耳者謂之𦗕。言若斷耳爲盟。从耳闋聲。五滑切

聅 軍法以矢貫耳也。从耳从矢。《司馬法》曰：小罪聅，中罪刵，大罪剄。恥列切

聝 軍戰斷耳也。《春秋傳》曰：以爲俘聝。从耳或聲。古獲切

馘 聝或从首。

𦗅 乘輿金馬耳也。从耳麻聲。讀若渳水。一曰若《月令》靡草之靡。亡彼切

耹 《國語》曰：回祿信於耹遂。闕。巨今切

𦔮 墮耳也。从耳月聲。魚厥切

聑 安也。从二耳。丁帖切

聶 附耳私小語也。从三耳。尼輒切

文三十二　重四

聱 不聽也。从耳敖聲。五交切

文一　新附

𦣝 顧也。象形。凡𦣝之屬皆从𦣝。與之切

頤 篆文𦣝。

䪿 籀文从首。

巸 廣𦣝也。从𦣝巳聲。與之切

𡰥 古文巸从戶。臣鉉等曰：今俗作牀史切，以爲階戺之戺。

文二　重三

手 拳也。象形。凡手之屬皆从手。書九切

𠂿 古文手。

掌 手中也。从手尚聲。諸兩切

拇 將指也。从手母聲。莫厚切

指 手指也。从手旨聲。職雉切

拳 手也。从手𢍏聲。巨員切

掔 手掔也。楊雄曰：掔，握也。从手臤聲。烏貫切

攕 好手皃。《詩》曰：攕攕女手。从手韱聲。所咸切

揱 人臂皃。从手削聲。《周禮》曰：輻欲其揱。徐鍇曰：揱，纖好也。所角切

摳 繑也。一曰摳衣升堂。从手區聲。口侯切

攐 摳衣也。从手寒聲。去虔切

撎 舉手下手也。从手壹聲。於計切

揖 攘也。从手咠聲。一曰手箸胷曰揖。伊入切

攘 推也。从手襄聲。汝羊切

拱 斂手也。从手共聲。居竦切

撿 拱也。从手僉聲。良冉切

𢪙 首至地也。从手、𠦪。𠦪音忽。徐鍇曰：𠦪，進趣之疾也，故拜从之。博怪切

𢷎 楊雄說：拜从兩手下。

𢪔 古文拜 捾 搯捾也从手官聲一曰援也烏括切 搯 捾也从手舀聲周書曰師乃搯搯者拔兵刃以習擊刺詩曰左旋右搯土刀切
𢪘 攡也从手巩聲居竦切臣鉉等曰案巩部有𢀜與巩同此重出 推 排也从手隹聲他回切 捘 推也从手夋聲春秋傳曰捘衛侯之手
子寸切 排 擠也从手非聲步皆切 擠 排也从手齊聲子計切 抵 擠也从手氐聲丁礼切 摧 擠也从手崔聲
一曰挏也一曰折也昨回切 拉 摧也从手立聲盧合切 挫 摧也从手坐聲則臥切 扶 左也从手夫聲防無切 𢪃 古文扶
將 扶也从手爿聲七良切 持 握也从手寺聲直之切 挈 縣持也从手㓞聲苦結切 拑 脅持也从手甘聲巨淹切
揲 閱持也从手枼聲食折切 摯 握持也从手从執脂利切 操 把持也从手喿聲七刀切 㩴 爪持也从手瞿聲臣鉉等曰
今俗別作掬非是居玉切 捦 急持衣裣也从手金聲巨今切 㩒 捦或从禁 搏 索持也一曰至也从手尃聲補各切 據 杖持
也从手豦聲居御切 攝 引持也从手聶聲書涉切 𢫬 并持也从手冄聲他含切 抪 捫持也从手布聲普胡切 挾 俾持
也从手夾聲胡頰切 捫 撫持也从手門聲詩曰莫捫朕舌莫奔切 擥 撮持也从手監聲盧敢切 擸 理持也从手巤聲良涉切
握 搤持也从手屋聲於角切 𡑆 古文握 撣 提持也从手單聲讀若行遲驒驒徒旱切 把 握也从手巴聲博下切

搹 把也从手鬲聲於革切 㧰 搹或从尼 拏 牽引也从手奴聲女加切 攜 提也从手巂聲戶圭切 提
挈也从手是聲杜兮切 𢪒 拈也从手耴聲丁愜切 拈 𢮦也从手占聲奴兼切 摛 舒也从手离聲丑知切 捨
釋也从手舍聲書冶切 擪 一指按也从手厭聲於協切 按 下也从手安聲烏旰切 控 引也从手空聲詩曰控于大邦匈奴傳曰引弓控
弦苦貢切 揗 摩也从手盾聲食尹切 掾 緣也从手彖聲以絹切 拍 拊也从手百聲普百切 拊 揗也从手付聲
芳武切 掊 把也今鹽官入水取鹽為掊从手咅聲父溝切 捋 取易也从手寽聲郎括切 撩 理也从手尞聲洛蕭切 措
置也从手昔聲倉故切 插 刺肉也从手从臿楚洽切 掄 擇也从手侖聲盧昆切 擇 柬選也从手睪聲丈伯切 捉
搤也从手足聲一曰握也側角切 搤 捉也从手益聲於革切 挻 長也从手从延延亦聲式連切 揃 搣也从手前聲即淺切 搣
批也从手威聲亡列切 批 捽也从手此聲側氏切 揤 捽也从手即聲魏郡有揤裴侯國子力切 捽 持頭髮也从手卒聲昨沒切
撮 四圭也一曰兩指撮也从手最聲倉括切 𢴪 撮也从手𥷚省聲居六切 摕 撮取也从手帶聲讀若詩曰螮蝀在東都計切
𢱭 摕或从折从示兩手急持人也 捊 引取也从手孚聲步侯切 抱 捊或从包臣鉉等曰今作薄報切以為褱袌字非是 揜 自關以東

謂取曰揜一曰覆也从手弇聲衣檢切 授 予也从手从受受亦聲殖酉切 承 奉也受也从手从卪从収臣鉉等曰謹節其事承奉之義也故从卪署
陵切 挋 給也从手臣聲一曰約也章刃切 ⿰扌堇 拭也从手堇聲居焮切 攩 朋群也从手黨聲多朗切 摌 交也从手
贊聲子寒切 抪 撻也从手巿聲普活切 挏 擁引也漢有挏馬官作馬酒从手同聲徒總切 招 手呼也从手召聲止搖切
撫 安也从手無聲一曰循也芳武切 㧃 古文从辵亡 捪 撫也从手昏聲一曰摹也武巾切 揣 量也从手耑聲度高曰
揣一曰捶之徐鍇曰此字與耑聲不相近如喘遄之類皆當从瑞省初委切 抧 開也从手只聲讀若抵掌之抵諸氏切 摜 習也从手貫聲春秋傳
曰摜瀆鬼神古患切 投 擿也从手从殳度侯切 擿 搔也从手適聲一曰投也直隻切 搔 括也从手蚤聲穌遭切 扴
刮也从手介聲古點切 摽 擊也从手票聲一曰挈門壯也符少切 挑 撓也从手兆聲一曰摷也國語曰郤至挑天土凋切 抉 挑也从手
夬聲於說切 撓 擾也从手堯聲奴巧切 擾 煩也从手夒聲而沼切 挶 戟持也从手局聲居玉切 据 戟挶
也从手居聲九魚切 擖 刮也从手葛聲一曰撻也口八切 摘 拓果樹實也从手啻聲一曰指近之也臣鉉等曰當从適省乃得聲他歷切又竹戹切
搳 擖也从手害聲胡秸切 摲 暫也从手斬聲昨甘切 拹 摺也从手劦聲一曰拉也虛業切 摺 敗也从手習聲之涉切

揫 束也从手秋聲詩曰百祿是揫即由切 摟 曳聚也从手婁聲洛侯切 抎 有所失也春秋傳曰抎子辱矣从手云聲于敏切
披 从旁持曰披从手皮聲敷羈切 㨻 引縱曰㨻从手瘛省聲尺制切 㧗 積也詩曰助我舉㧗搣頰旁也从手此聲前智切 掉
搖也从手卓聲春秋傳曰尾大不掉徒弔切 搖 動也从手䍃聲余招切 搈 動搈也从手容聲余隴切 ⿰扌貳 當也从手貳聲直異
切 揂 聚也从手酋聲即由切 掔 固也从手臤聲讀若詩赤舄掔掔臣鉉等曰今別作慳非是苦閑切 捀 奉也从手夆聲扶容切
擧 對舉也从手與聲以諸切 揚 飛舉也从手昜聲與章切 敭 古文 舉 對舉也从手與聲居許切 掀
舉出也从手欣聲春秋傳曰掀公出於淖虛言切 揭 高舉也从手曷聲去例切又基竭切 抍 上舉也从手升聲易曰抍馬壯吉蒸
上切 撜 抍或从登臣鉉等曰今俗別作拯非是 振 舉救也从手辰聲一曰奮也章刃切 扛 橫關對舉也从手工聲古雙切
扮 握也从手分聲讀若粉房吻切 撟 舉手也从手喬聲一曰撟擅也居少切 捎 自關巳西凡取物之上者爲撟捎从手肖聲所交
切 擁 抱也从手雝聲於隴切 擩 染也从手需聲周禮六曰擩祭而主切 揄 引也从手俞聲羊朱切 搫
搫擭不正也从手般聲薄官切 擭 搫擭也一曰布擭也一曰握也从手蒦聲一號切 拚 拊手也从手弁聲皮變切 擅 專也

从手亶聲 時戰切 揆 葵也从手癸聲 求癸切 擬 度也从手疑聲 魚巳切 損 減也从手員聲 穌本切 失 縱也
从手乙聲 式質切 挩 解挩也从手兌聲 他括切 撥 治也从手發聲 北末切 挹 抒也从手邑聲 於汲切 抒 挹也从手
予聲 神與切 抯 挹也从手且聲 讀若樝棃之樝 側加切 攫 扟也从手矍聲 居縛切 扟 从上挹也从手卂聲 讀若莘 所巾切
拓 拾也陳宋語从手石聲 之石切 摭 拓或从庶 攈 拾也从手麇聲 居運切 拾 掇也从手合聲 是執切 掇
拾取也从手叕聲 都括切 擐 貫也从手睘聲 春秋傳曰擐甲執兵 胡慣切 揯 引急也从手恆聲 古恒切 摍 蹴引也从手宿
聲 所六切 ⿰扌虔 相援也从手虔聲 巨言切 援 引也从手爰聲 雨元切 擂 引也从手畱聲 敕鳩切 抽 擂或从由
𢭏 擂或从秀 擢 引也从手翟聲 直角切 拔 擢也从手犮聲 蒲八切 揠 拔也从手匽聲 烏黠切 擣
手推也一曰築也从手𠷎聲 都晧切 𢹎 係也从手䜌聲 呂員切 挺 拔也从手廷聲 徒鼎切 攓 拔取也南楚語从手寒聲 楚詞
曰朝攓批之木蘭 九輦切 探 遠取之也从手罙聲 他含切 撢 探也从手覃聲 他紺切 捼 推也从手委聲 一曰兩手相切摩也
臣鉉等曰今俗作挼非是 奴禾切 撆 別也一曰擊也从手敝聲 芳滅切 揻 搖也从手咸聲 臣鉉等曰今別作撼非是 胡感切 搦

按也从手弱聲 尼革切 掎 偏引也从手奇聲 居綺切 揮 奮也从手軍聲 許歸切 摩 研也从手麻聲 莫婆切 𢪍
反手擊也从手𣬉聲 匹齊切 攪 亂也从手覺聲 詩曰祇攪我心 古巧切 搑 推擣也从手茸聲 而隴切 撞 刊擣也从手童
聲 宅江切 ⿰扌因 就也从手因聲 於眞切 扔 因也从手乃聲 如乘切 括 絜也从手昏聲 古活切 抲 抲撝也从手可
聲 周書曰盡執抲 虎何切 擘 撝也从手辟聲 博戹切 撝 裂也从手爲聲 一曰手指也 許歸切 捇 裂也从手赤聲 呼麥切
扐 易筮再扐而後卦 从手力聲 盧則切 技 巧也从手支聲 渠綺切 摹 規也从手莫聲 莫胡切 拙 不巧也从
手出聲 職說切 𢸍 縫指揩也一曰韜也从手沓聲 讀若眔 徒合切 摶 圜也从手專聲 度官切 ⿰扌圂 手推之也从手圂聲 戶骨切
捄 盛土於梩中也一曰擾也 詩曰捄之陾陾 从手求聲 舉朱切 拮 手口共有所作也从手吉聲 詩曰予手拮据 古屑切 搰 掘也
从手骨聲 戶骨切 掘 搰也从手屈聲 衢勿切 掩 斂也小上曰掩 从手奄聲 衣檢切 摡 滌也从手既聲 詩曰摡之釜鬵
古代切 揟 取水沮也从手胥聲 武威有揟次縣 相居切 播 種也一曰布也从手番聲 補過切 𢿝 古文播 挃
穫禾聲也从手至聲 詩曰穫之挃挃 陟栗切 ⿰扌致 刺也从手致聲 一曰刺之財至也 陟利切 扤 動也从手兀聲 五忽切 抈

抈折也从手月聲魚厥切 撻鄉飲酒罰不敬撻其背从手達聲他達切 撻古文撻周書曰遽以
記之 㧽止馬也从手夌聲里甑切 抨撣也从手平聲普耕切 捲气勢也从手卷聲國語曰有捲勇一曰捲收也臣鉉等曰今
俗作居轉切以為捲舒之捲巨員切 扱收也从手及聲楚洽切 摷拘擊也从手巢聲子小切 挨擊背也从手矣聲於駭切
撲挨也从手菐聲蒲角切 撽旁擊也从手敫聲苦弔切 扚疾擊也从手勺聲都了切 抶笞擊也从手失聲敕
栗切 扺側擊也从手氏聲諸氏切 抰以車鞅擊也从手央聲於兩切 㨐衣上擊也从手保聲方苟切 捭
兩手擊也从手卑聲北買切 捶以杖擊也从手垂聲之壘切 搉敲擊也从手隺聲苦角切 摬中擊也从手竟聲一敬切
拂過擊也从手弗聲徐鍇曰擊而過之也敷物切 挳擣頭也从手堅聲讀若鏗尔舍瑟而作口莖切 抌深擊也从手冘聲讀若告
言不正曰抌竹甚切 𢵦傷擊也从手毀毀亦聲古歷切 擊攴也从手毄聲古歷切 扞忮也从手干聲侯旰切 抗
扞也从手亢聲苦浪切 杭抗或从木臣鉉等曰今俗作胡郎切 捕取也从手甫聲薄故切 簎刺也从手籍省聲周禮曰簎魚
鼈士革切 撚執也从手然聲一曰蹂也乃殄切 挂畫也从手圭聲古賣切 拕曳也从手它聲託何切 捈臥引也从
手余聲同都切 抴捈也从手世聲余制切 揙撫也从手扁聲婢沔切 撅从手有所把也从手厥聲居月切 攎
挐持也从手盧聲洛乎切 挐持也从手如聲女加切 揾沒也从手𥁕聲烏困切 搒掩也从手旁聲北孟切 挌
擊也从手各聲古覈切 拲兩手同械也从手从共共亦聲周禮上辠梏拲而桎居竦切 桊拲或从木 掫夜戒守有所擊从手取聲春秋
傳曰賓將掫子侯切 捐棄也从手肙聲與專切 掤所以覆矢也从手朋聲詩曰抑釋掤忌筆陵切 扜指麾也从手亏聲億俱切
麾旌旗所以指麾也从手靡聲許為切 捷獵也軍獲得也从手疌聲春秋傳曰齊人來獻戎捷疾葉切 扣牽馬也从手口聲丘
后切 掍同也从手昆聲古本切 搜眾意也一曰求也从手叜聲詩曰束矢其搜所鳩切 換易也从手奐聲胡玩切 掖
以手持人臂投地也从手夜聲一曰臂下也羊益切

文二百六十五　重十九

摦橫大也从手瓠聲胡化切 攙刺也从手毚聲楚銜切 搢插也从手晉聲搢紳前史皆作薦紳即刃切 掠奪取也从
手京聲本音亮唐韻或作擽離灼切 掐爪刺也从手臽聲苦洽切 捻指捻也从手念聲奴協切 拗手拉也从手幼聲於教切
摵捎也从手戚聲沙劃切 捌方言云無齒杷从手別聲百轄切 攤開也从手難聲他干切 抛棄也从手从九

[illegible]

从力或从手㧸聲案左氏傳通用摽詩摽有梅摽落也義亦同匹交切

新附

攄 舒也又摴蒱戲也从手雩聲丑居切

打 擊也从手丁聲都挺切

文十三

𠦬 背呂也象脅肋也 凡𠦬之屬皆从𠦬古懷切

脊 背呂也从𠦬从肉資昔切

文二

說文解字第十二上

說文解字第十二下

漢太尉祭酒許氏記

銀青光祿大夫守右散騎常侍上柱國東海縣開國子食邑五百戶臣徐鉉等奉

敕校定

女 婦人也象形王育說凡女之屬皆从女尼呂切

姓 人所生也古之神聖母感天而生子故稱天子从女从生生亦聲春秋傳曰天子因生以賜姓息正切

姜 神農居姜水以爲姓从女羊聲居良切

姬 黃帝居姬水以爲姓从女𦣞聲居之切

姞 黃帝之後百鯈姓后稷妃家也从女吉聲巨乙切

嬴 少昊氏之姓从女𣎆省聲以成切

姚 虞舜居姚虛因以爲姓从女兆聲或爲姚嬈也史篇以爲姚易也余招切

嬀 虞舜居嬀汭因以爲氏从女爲聲居爲切

妘 祝融之後姓也从女云聲王分切

[女員] 籀文妘从員

姺 殷諸侯爲亂疑姓也从女先聲春秋傳曰商有姺邳所臻切

[女然] 人姓也从女然聲奴見切

㚼 人姓也从女丑聲商書曰無有作𡚸呼到切

㛅 人姓也从女其聲杜林曰㛅醜也去其切

[女乇] 少女也从女乇聲坼下切

媒 謀也謀合二姓从女某聲莫桮切

妁 酌也斟酌二姓也从女勺聲市勺切

嫁 女適人也从女家聲古訝切

娶 取婦也从女从取取亦聲七句切

婚 婦家也禮娶婦以昏時婦人陰也故曰婚从女从昏昏亦聲呼昆切

[籀文婚] 籀文婚

姻 壻家也女之所因故曰姻从女从因因亦聲於眞切

婣 籀文姻从𣶒

妻 婦與夫齊者也从女从屮从又又持事妻職也臣鉉等曰屮者進也齊之義也故从屮七稽切

[古文妻] 古文妻从肖女肖古文貴字

婦 服也从女持帚灑埽也房九切

妃 匹也从女己聲芳非切

媲 妃也从女𣫞聲匹計切

妊 孕也从女从壬壬亦聲如甚切

娠 女妊身動也从女辰聲春秋傳曰后緡方娠一曰宮婢女隸謂之娠失人切

媰 婦人妊身也从女芻聲周書曰至于媰婦側鳩切

嬔 生子齊均也从女从生免聲芳萬切

嫛 嫛婗也从女殹聲烏雞切

婗 嫛婗也从女兒聲一曰婦人惡皃五雞切

母 牧也从女象褱子形一曰象乳子也莫后切

嫗 母也从女區聲衣遇切

媼 女老偁也从女𥁕聲讀若奧烏皓切

姁 嫗也从女句聲況羽切

姐 蜀謂母曰姐淮南謂之社从女且聲茲也切

姑 夫母也从女古聲古胡切

威 姑也从女从戌漢律曰婦告威姑徐鍇曰土盛於戌土陰之主也故从戌於非切

妣 歿母也从女比聲卑履切

[籀文妣] 籀文妣省

姊 女兄也从女𠂔聲將几切

妹 女弟也从女未聲莫佩切

娣 女弟也从女从弟弟亦聲徒禮切

媦 楚人謂女弟曰媦从女胃聲公羊傳曰楚王之妻媦云貴切

嫂 兄妻也从女叜聲蘇老切

姪 兄之女也从女至聲徒結切

姨 妻之女弟同出爲姨从女夷聲以脂切

妿 女師也从女加聲杜林說加教於女也讀若阿烏何切

娒 女師也从女每聲讀若母莫后切

媾 重婚也从女冓聲易曰匪寇婚媾古候切

姼 美女也从女多聲尺氏切

[女氏] 姼或从氏

妭婦人美也从女犮聲蒲撥切㜎女隸也从女奚聲胡雞切婢女之卑者也从女从卑卑亦聲便俾切奴奴婢皆古之辠人也周禮曰其奴男子入于辠隸女子入于舂藁从女从又臣鉉等曰又手也持事者也乃都切伮古文奴从人㚤婦官也从女弋聲與職切媊甘氏星經曰太白上公妻曰女媊女媊居南斗食厲天下祭之曰明星从女前聲昨先切媧古之神聖女化萬物者也从女咼聲古蛙切𡤻籀文媧从𤔔娀帝高辛之妃偰母號也从女戎聲詩曰有娀方將息弓切娥帝堯之女舜妻娥皇字也秦晉謂好曰娙娥从女我聲五何切嫄台國之女周棄母字也从女原聲愚袁切嬿女字也从女燕聲於甸切妸女字也从女可聲讀若阿烏何切嬃女字也楚詞曰女嬃之嬋媛賈侍中說楚人謂姊爲嬃从女須聲相俞切婕女字也从女疌聲子葉切嬩女字也从女與聲讀若余以諸切孁女字也从女霝聲郎丁切嫽女字也从女尞聲洛蕭切[女衣]女字也从女衣聲讀若衣於稀切婤女字也从女周聲職流切姶女字也从女合聲春秋傳曰嬖人婤姶一曰無聲烏合切妀女字也从女己聲居擬切妵女字也从女主聲天口切[女攴]女字也从女攴聲卑女切[女耳]女隸也从女耳聲仍吏切始女之初也从女台聲詩止切媚說也从女眉聲美祕切嫵媚也从女無聲文甫切媄色好也从女从美美亦聲無鄙切[女畜]媚也从女畜聲丑六切嫷南楚之外謂好曰嫷从女隋聲臣鉉等曰今俗省作媠唐韻作妥非是徒果切姝好也从女朱聲昌朱切好美也从女子徐鍇曰子者男子之美偁會意呼皓切嬹說也从女興聲許應切嬮好也从女厭聲於鹽切㚩好也从女殳聲詩曰靜女其㚩昌朱切姣好也从女交聲胡茅切嬽好也从女䰩聲讀若蜀郡布名委員切

娧好也从女兌聲杜外切媌目裏好也从女苗聲莫交切嫿靜好也从女畫聲呼麥切婠體德好也从女官聲讀若楚郤宛一完切娙長好也从女巠聲五莖切[女贊]白好也从女贊聲則旰切[女𤔔]順也从女𤔔聲詩曰婉兮[女𤔔]兮力沇切孌籀文[女𤔔]妴婉也从女夗聲於阮切婉順也从女宛聲春秋傳曰太子痤婉於阮切[女同]直項皃从女同聲他孔切嫣長皃从女焉聲於建切姌弱長皃从女冄聲而琰切嫋姌也从女从弱奴鳥切孅兌細也从女韱聲息廉切嫇嬰嫇也从女冥聲一曰嫇嫇小人皃莫經切媱曲肩行皃从女䍃聲余招切嬛材緊也从女瞏聲春秋傳曰嬛嬛在疚許緣切姽閑體行姽姽也从女危聲過委切委委隨也从女从禾臣鉉等曰委曲也取其禾穀垂穗委曲之皃故从禾於詭切婐婐㛂也一曰女侍曰婐讀若騧或若委从女果聲孟軻曰舜爲天子二女婐烏果切㛂婐㛂也一曰弱也从女厄聲五果切[女占]小弱也一曰女輕薄善走也一曰多技藝也从女占聲或讀若占齒𠷎切㜝㜝妗也从女沾聲丑廉切妗㜝妗也一曰善笑皃从女今聲火占切[女簋]竦身也从女簋聲讀若詩糾糾葛屨居夭切婧竦立也从女青聲

聲。一曰有才也。讀若韭菁。七正切 妌 靜也。从女井聲。疾正切 姂 婦人皃。从女乏聲。房法切 嫙 好也。从女旋聲。似沿切 齌
材也。从女齊聲。祖雞切 姡 面醜也。从女昏聲。古活切 嬥 直好皃。一曰嬈也。从女翟聲。徒了切 嫢 媞也。从女規聲。讀若癸。秦晉謂細爲嫢。居隨切
媞 諦也。一曰妍黠也。一曰江淮之閒謂母曰媞。从女是聲。承旨切 婺 不繇也。从女敄聲。亡遇切 嫺 雅也。从女閒聲。戶閒切 媐
說樂也。从女巸聲。許其切 婜 美也。从女臤聲。苦閑切 娛 樂也。从女吳聲。噳俱切 娭 戲也。从女矣聲。一曰卑賤名也。遏在切 媅
樂也。从女甚聲。丁含切 娓 順也。从女尾聲。讀若媚。無匪切 嫡 孎也。从女啻聲。都歷切 孎 謹也。从女屬聲。讀若人不孫爲孎。之欲切 ⿰女㬎
宴婉也。从女㬎聲。於顯切 㛪 女有心㛪㛪也。从女弇聲。衣檢切 ⿰女染 諟也。从女染聲。而琰切 嫥 壹也。从女專聲。一曰嫥嫥。職緣切 如
从隨也。从女从口。徐鍇曰：女子从父之教，从夫之命，故从口。會意。人諸切 嫧 齋也。从女責聲。側革切 娕 謹也。从女束聲。讀若謹敕數數。測角切 嬐
敏疾也。一曰莊敬皃。从女僉聲。息廉切 嬪 服也。从女賓聲。符真切 ⿱執女 至也。从女執聲。周書曰：大命不摯。讀若摯同。一曰虞書雉摯。脂利切 ⿰女沓
僞伏也。从女沓聲。一曰伏意。他合切 晏 安也。从女日。詩曰：以晏父母。烏諫切 嬗 緩也。从女亶聲。一曰傳也。時戰切 嫴 保任也。从女辜聲。古胡切
媻 奢也。从女般聲。臣鉉等曰：今俗作婆，非是。薄波切 娑 舞也。从女沙聲。詩曰：市也媻娑。素何切 姷 耦也。从女有聲。讀若祐。于救切

侑 姷或从人。 姰 鈞適也。男女併也。从女旬聲。居勻切 姕 婦人小物也。从女此聲。詩曰：屢舞姕姕。即移切 妓 婦人小物也。从女支
聲。讀若跂行。渠綺切 嬰 頸飾也。从女賏。賏，其連也。於盈切 㛤 三女爲㛤。㛤，美也。从女奴省聲。倉案切 媛 美女也。人所援也。从女从爰。爰，引
也。詩曰：邦之媛兮。玉眷切 娉 問也。从女甹聲。匹正切 娽 隨從也。从女彔聲。力玉切 妝 飾也。从女，牀省聲。側羊切 孌 慕也。从女
䜌聲。力沇切 媟 嬻也。从女枼聲。私列切 嬻 媟嬻也。从女賣聲。徒谷切 ⿰女窡 短面也。从女窡聲。丁滑切 嬖 便嬖，愛也。从女辟
聲。博計切 ⿱毄女 難也。从女毄聲。苦賣切 妎 妒也。从女介聲。胡蓋切 妒 婦妒夫也。从女戶聲。當故切 媢 夫妒婦也。从女冒
聲。一曰相視也。莫報切 妖 巧也。一曰女子笑皃。詩曰：桃之妖妖。从女芺聲。於喬切 佞 巧讇高材也。从女，信省。臣鉉等曰：女子之信近於佞也。乃定切
嫈 小心態也。从女，熒省聲。烏莖切 嫪 婟也。从女翏聲。郎到切 婟 嫪也。从女固聲。胡誤切 姿 態也。从女次聲。即夷切 ⿰女虘
嬌也。从女虘聲。將預切 妨 害也。从女方聲。敷方切 妄 亂也。从女亡聲。巫放切 媮 巧黠也。从女俞聲。託侯切 ⿰女污
貪也。从女污聲。胡古切 娋 小小侵也。从女肖聲。息約切 ⿰女朵 量也。从女朵聲。丁果切 妯 動也。从女由聲。徐鍇曰：當从胄省。徒歷切 嫌
不平於心也。一曰疑也。从女兼聲。戶兼切 媘 減也。从女省聲。所景切 婼 不順也。从女若聲。春秋傳曰：叔孫婼。丑略切 婞 很也。从女幸聲。楚詞

[illegible]

詞鯀婞直胡頂切
嫳 易使怒也从女敝聲讀若擊擎匹滅切
嫸 好枝格人語也一曰靳也从女善聲旨善切
娺 疾悍也从女叕聲讀若唾丁滑切
⿰女酓 含怒也一曰難知也从女酓聲詩曰碩大且⿰女酓五感切
娿 陰阿也从女阿聲烏何切
妍 技也一曰不省録事一曰難侵也一曰惠也一曰安也从女开聲讀若研五堅切
娃 圜深目皃或曰吳楚之閒謂好曰娃从女圭聲於佳切
⿰女陜 不媚前却⿰女陜⿰女陜也从女陜聲失冉切
娎 鼻目閒皃讀若煙火炔炔从女決省聲於說切
⿰女巂 愚戇多態也从女巂聲讀若隓式吹切
⿰女恚 不說也从女恚聲於避切
嫼 怒皃从女黑聲呼北切
⿰女戉 輕也从女戉聲王伐切
嫖 輕也从女㶾聲匹招切
⿰女坐 訬疾也从女坐聲昨禾切
姎 女人自偁我也从女央聲烏浪切
媁 不說皃从女韋聲羽非切
婎 姿婎姿也从女隹聲一曰醜也許惟切
⿰女弦 有守也从女弦聲胡田切
媥 輕皃从女扁聲芳連切
嫚 侮易也从女曼聲謀患切
⿰女臿 疾言失次也从女臿聲讀若懾丑聶切
嬬 弱也一曰下妻也从女需聲相俞切
娝 不肖也从女否聲讀若竹皮箁匹才切
嬯 遲鈍也从女臺聲闒嬯亦如之徒哀切
⿰女覃 下志貪頑也从女覃聲讀若深潭乃忝切
⿰女參 婪也从女參聲七感切
婪 貪也从女林聲杜林說卜者黨相詐驗為婪讀若潭盧含切
嬾 懈也怠也一曰臥也从女賴聲洛旱切
婁 空也从毋中女空之意也一曰婁務也洛侯切
𡙸 古文
娎 ⿰女夾也从女折聲許劉切
⿰女夾 得志⿰女夾⿰女夾一曰⿰女夾息也一曰少气也从女夾聲呼帖切
嬈 苛也一曰擾戲弄也一曰嬥也从女堯聲奴鳥切
⿰女毀 惡也一曰人皃从女毀聲許委切
姍 誹也一曰翼便也从女删省聲所晏切
媨 醜也一曰老嫗也从女酋聲讀若蹴七宿切
嫫 嫫母都醜也从女莫聲莫胡切
婓 往來婓婓也一曰醜皃从女非聲芳非切
孃 煩擾也一曰肥大也从女襄聲女良切
嬒 女黑色也从女會聲詩曰嬒兮蔚兮古外切
媆 好皃从女耎聲而沇切臣鉉等案切韻又音奴困切今俗作嫩非是
⿰女奄 誣挐也从女奄聲依劍切
⿰女監 過差也从女監聲論語曰小人窮斯⿰女監矣盧瞰切
嫯 侮易也从女敖聲五到切
婬 私逸也从女㸒聲余箴切
姘 除也漢律齊人予妻婢姦曰姘从女并聲普耕切
奸 犯婬也从女从干干亦聲古寒切
姅 婦人汙也从女半聲漢律曰見姅變不得侍祠博幔切
娗 女出病也从女廷聲徒鼎切
婥 女病也从女卓聲奴教切
娷 諉也从女垂聲竹恚切
嫍 有所恨也从女匘省聲今汝南人有所恨曰嫍臣鉉等曰匘古囟字非聲當从匘省奴皓切
媿 慙也从女鬼聲俱位切
愧 媿或从恥省
奻 訟也从二女女還切
姦 私也从三女古顏切
㤷 古文姦从心旱聲

文二百三十八　重十三

嬙 婦官也从女牆省聲才良切
妲 女字妲己紂妃从女旦聲當割切
嬌 姿也从女喬聲舉喬切
嬋 嬋娟態也从女單聲市連切
娟 嬋娟也从女肙聲於緣切
嫠 無夫也从女𠩺聲里之切
姤 偶也从女后聲古候切

文七　新附

毋 止之也从女有奸之者凡毋之屬皆从毋 武扶切

毐 人無行也从士从毋賈侍中說秦始皇母與嫪毐淫坐誅故世罵淫曰嫪毐讀若娭 遏在切

文二

民 衆萌也从古文之象凡民之屬皆从民 彌鄰切

𢀣 古文民 氓 民也从民亡聲讀若盲 武庚切

文二 重一

丿 右戾也象左引之形凡丿之屬皆从丿 徐鍇曰其為文舉首而申體也 房密切

乂 芟艸也从丿从乀相交 刈 乂或从刀 弗 撟也从丿从乀从韋省 分勿切 臣鉉等曰韋所以束枉戾也 乀 左戾也从反丿讀與弗同 分勿切

文四 重一

𠂆 抴也明也象抴引之形凡𠂆之屬皆从𠂆 虒字从此 徐鍇曰象𠂆而不舉首 余制切

弋 橜也象折木衺銳著形从𠂆象物挂之也 與職切

文二

乁 流也从反𠂆讀若移凡乁之屬皆从乁 弋支切

也 女陰也象形 羊者切 𦴫 秦刻石也字

文二 重一

氏 巴蜀山名岸脅之旁箸欲落墮者曰氏氏崩聞數百里象形乀聲凡氏之屬皆从氏揚雄賦響若氏隤 承旨切

氒 木本从氏大於末讀若厥 居月切

文二

氐 至也从氏下箸一一地也凡氐之屬皆从氐 丁礼切

𨈖 卧也从氐垔聲 於進切 𣱿 觸也从氐失聲 徒結切 [illegible] 闕 臣鉉等案今篇韻音胎又音效注云誤也

文四

戈 平頭戟也。从弋，一橫之。象形。凡戈之屬皆从戈。古禾切

肈 上諱。臣鉉等曰：後漢和帝名也。案李舟《切韻》云：擊也。从戈，肁聲。直小切

戎 兵也。从戈从甲。如融切

戣 《周禮》：侍臣執戣，立于東垂。兵也。从戈，癸聲。渠追切

戟 盾也。从戈，旱聲。侯旰切

戟 有枝兵也。从戈、倝。《周禮》：戟長丈六尺。讀若棘。臣鉉等曰：倝非聲，義當从榦省。榦，枝也。紀逆切

戛 戟也。从戈从百。讀若棘。古黠切

賊 敗也。从戈，則聲。昨則切

戍 守邊也。从人持戈。傷遇切

戰 鬭也。从戈，單聲。之扇切

戲 三軍之偏也。一曰兵也。从戈，䖒聲。香義切

𢧢 利也。一曰剔也。从戈，呈聲。徒結切

或 邦也。从口从戈，以守一。一，地也。于逼切。臣鉉等曰：今俗作胡國切，以為疑或不定之意。

域 或又从土。臣鉉等曰：今無復或音。

截 斷也。从戈，雀聲。昨結切

戡 殺也。从戈，今聲。《商書》曰：西伯既戡黎。口含切

戕 槍也。他國臣來弒君曰戕。从戈，爿聲。士良切

戮 殺也。从戈，翏聲。力六切

戡 刺也。从戈，甚聲。竹甚、口含二切

戭 長槍也。从戈，寅聲。《春秋傳》有擣戭。弋刃、以淺二切

𢦒 傷也。从戈，才聲。祖才切

戩 滅也。从戈，晉聲。《詩》曰：實始戩商。即淺切

𢧜 絕也。一曰田器。从从持戈。古文讀若咸。讀若《詩》云"攕攕女手"。臣鉉等曰：从从，戈意也，故从从。子廉切

武 楚莊王曰：夫武，定功戢兵。故止戈為武。文甫切

戢 藏兵也。从戈，咠聲。《詩》曰：載戢干戈。阻立切

戠 闕。从戈从音。之弋切

戔 賊也。从二戈。《周書》曰：戔戔巧言。徐鍇曰：兵多則殘也，故从二戈。昨干切

文二十六　重一

戉 斧也。从戈，丨聲。《司馬法》曰：夏執玄戉，殷執白戚，周左杖黃戉，右秉白髦。凡戉之屬皆从戉。臣鉉等曰：今俗別作鉞，非是。王伐切

戚 戉也。从戉，尗聲。倉歷切

文二

我 施身自謂也。或說我，頃頓也。从戈从𠂢。𠂢，或說古垂字。一曰古殺字。凡我之屬皆从我。徐鍇曰：从戈者，取戈自持也。五可切

𢦐 古文我。

義 己之威儀也。从我、羊。臣鉉等曰：此與善同意，故从羊。宜寄切

羛 《墨翟書》義从弗。魏郡有羛陽鄉，讀若錡。今

屬鄴本內黃北二十里　文二　重二

亅　鉤逆者謂之亅象形凡亅之屬皆从亅讀若橜　衢月切

𠄌　鉤識也从反亅讀若捕鳥罬　居月切　文二

珡　禁也神農所作洞越練朱五弦周加二弦象形凡珡之屬皆从珡　巨今切

𨨞　古文珡从金　瑟　庖犧所作弦樂也从珡必聲　所櫛切　𤨜　古文瑟　文二　重二

琵　琵琶樂器从珡比聲　房脂切　琶　琵琶也从珡巴聲義當用枇杷　蒲巴切　文二　新附

乚　匿也象迟曲隱蔽形凡乚之屬皆从乚讀若隱　於謹切

直　正見也从乚从十从目徐鍇曰乚隱也今十目所見是直也　除力切　𣝣　古文直　文二　重一

亡　逃也从入从乚凡亡之屬皆从亡　武方切

乍　止也一曰亡也从亡从一徐鍇曰出亡得一則止暫止也　鉏駕切　望　出亡在外望其還也从亡朢省聲　巫放切　𣞤　亡也从亡無聲　武扶切　无　奇字无通於元者王育說天屈西北為无　匃　气也逯安說亡人為匃　古代切　文五　重一

匸　衺徯有所俠藏也从乚上有一覆之凡匸之屬皆从匸讀與傒同　胡礼切

區　踦區藏匿也从品在匸中品衆也　豈俱切　匿　亡也从匸若聲讀如羊騶箠　女力切　𠥱　側逃也从匸丙聲一曰箕屬臣鉉等曰丙非聲義當从內會意疑傳寫之誤　盧候切　匽　匿也从匸晏聲　於蹇切　医　盛弓弩矢器也从匸从矢國語曰兵不解医　於計切　匹　四丈也从八匸八揲一匹八亦聲　普吉切　文七

匚　受物之器象形凡匚之屬皆从匚讀若方　府良切

匚 籒文匚

匠 木工也从匚从斤斤所以作器也疾亮切

匧 藏也从匚夾聲苦叶切

篋 匧或从竹

匡 飯器筥也从匚㞷聲去王切

筐 匡或从竹

匜 似羹魁柄中有道可以注水从匚也聲移尒切

匴 渌米籔也从匚算聲穌管切

䈪 小桮也从匚贛聲古送切

𣝯 䈪或从木

匪 器似竹筐从匚非聲逸周書曰實玄黃于匪非尾切

⿷匚倉 古器也从匚倉聲七岡切

⿷匚攸 田器也从匚攸聲徒聊切

⿷匚異 田器也从匚異聲與職切

匫 古器也从匚曶聲呼骨切

匬 甌器也从匚俞聲度侯切

匵 匱也从匚賣聲徒谷切

匣 匱也从匚甲聲胡甲切

匯 器也从匚淮聲胡罪切

柩 棺也从匚从木久聲巨救切

匶 籒文柩

匰 宗廟盛主器也周禮曰祭祀共匰主从匚單聲都寒切

文十九　重五

曲 象器曲受物之形或說曲蠶薄也凡曲之屬皆从曲 丘玉切

⿱乚 古文曲

⿴曲玉 骫曲也从曲玉聲丘玉切

⿴曲舀 古器也从曲舀聲土刀切

文三　重一

甾 東楚名缶曰甾象形凡甾之屬皆从甾 側詞切

⿱甾 古文

疀 斛也古田器也从甾疌聲楚洽切

畚 𠚣屬蒲器也所以盛種从甾弁聲布忖切

⿰甾并 帗也甾并聲杜林以爲竹筥楊雄以爲蒲器讀若軿薄經切

⿱甾虍 [illegible]也从甾虍聲讀若盧同洛乎切

⿰甾盧 篆文

⿰缶盧 籒文

文五　重三

瓦 土器已燒之總名象形凡瓦之屬皆从瓦 五寡切

瓬 周家摶埴之工也从瓦方聲讀若抵破之抵臣鉉等曰抵音瓦非聲未詳分兩切

甄 匋也从瓦垔聲居延切

甍 屋棟面从瓦夢省聲徐鍇曰所以承瓦故从瓦莫耕切

甑 甗也从瓦曾聲子孕切

鬵 籒文甑从䰜

甗 甑也一曰穿也从瓦鬳聲讀若言魚蹇切

瓵 甌瓿謂之瓵从瓦台聲與之切

瓽 大盆也从瓦尚聲丁浪切

甌 小盆也从瓦區聲烏侯切

瓮 罌也从瓦公聲烏貢切

瓨 似罌長頸受十升讀若洪从瓦工聲古雙切

⿰夗瓦 小盂也从瓦夗聲臣鉉等曰今俗別作椀非是烏管切

瓴 瓮似瓶也从瓦令聲郎丁切

⿰卑瓦 罌謂之⿰卑瓦从瓦卑聲部迷切

甂 似小瓿大口而卑用食从瓦扁聲芳連切

瓿 甂也从瓦咅聲蒲口切

㼸器也从瓦容聲上封切 甓瓴甓也从瓦辟聲詩曰中唐有甓扶歷切 甃井壁也从瓦秋聲側救切 甈康瓠破罌从瓦臬聲魚例切 㼷甈或从埶 㽁瑳垢瓦石从瓦爽聲初兩切 ⿰耎瓦蹈瓦聲从瓦耎聲零帖切 㼤治橐榦也从瓦今聲胡男切 ⿰卒瓦破也从瓦卒聲穌對切 瓪敗也从瓦反聲布綰切

文二十五　重二

瓷瓦器从瓦次聲疾資切 瓻酒器从瓦稀省聲丑脂切

文二　新附

弓以近窮遠象形古者揮作弓周禮六弓王弓弧弓以射甲革甚質夾弓庾弓以射干矦鳥獸唐弓大弓以授學射者凡弓之屬皆从弓居中切

弴畫弓也从弓𦎫聲都昆切 弭弓無緣可以解轡紛者从弓耳聲緜婢切 ⿰弓兒弭或从兒 弲角弓也洛陽名弩曰弲从弓肙聲烏玄切 弧木弓也从弓瓜聲一曰往體寡來體多曰弧戶吳切 弨弓反也从弓召聲詩曰彤弓弨兮尺招切 ⿰弓雚弓曲也从弓雚聲九院切 ⿰弓區弓弩耑弦所居也从弓區聲恪侯切 ⿰弓䌛弓便利也从弓䌛聲讀若燒火招切 張施弓弦也从弓長聲陟良切 彏弓急張也从弓矍聲許縛切 弸弓彊皃从弓朋聲父耕切 彊弓有力也从弓畺聲巨良切 彎持弓關矢也从弓䜌聲烏關切 引開弓也从弓丨臣鉉等曰象引弓之形余忍切 弙滿弓有所鄉也从弓于聲哀都切 弘弓聲也从弓厶聲厶古文肱字胡肱切 ⿰弓璽弛弓也从弓璽聲斯氏切 弛弓解也从弓从也施氏切 㢮弛或从虒 弢弓衣也从弓从发发垂飾與鼓同意土刀切 弩弓有臂者周禮四弩夾弩庾弩唐弩大弩从弓奴聲奴古切 彀張弩也从弓𣪊聲古候切 彉弩滿也从弓黃聲讀若郭苦郭切 彃䠶也从弓畢聲楚詞曰芎焉彃日卑吉切 彈行丸也从弓單聲徒案切 ⿰弓丸彈或从弓持丸 發䠶發也从弓癹聲方伐切 ⿰弓开帝嚳䠶官夏少康滅之从弓开聲論語曰⿰弓开善䠶五計切

文二十七　重三

弜彊也从二弓凡弜之屬皆从弜其兩切

弼輔也重也从弜西聲徐鍇曰西舌也非聲舌柔而弜剛以柔从剛輔弼之意房密切 㢸弼或如此 𢐀𢏨並古文弼

文二　重三

弦 弓弦也从弓象絲軫之形凡弦之屬皆从弦 臣鉉等曰今別作絃非是胡田切

盭 弼戾也从弦省从盩讀若戾臣鉉等曰盩者盩𡴈人見血也弼戾之意郎計切

玅 急戾也从弦省少聲於霄切

𢐀 不成遂急戾也从弦省曷聲讀若瘞葬於罽切

文四

系 繫也从系丿聲凡系之屬皆从系 胡計切

𦃇 系或从毄处

𢇁 籀文系从爪絲

孫 子之子曰孫从子从系系續也思魂切

緜 聯微也从系从帛武延切

繇 隨從也从系䍃聲臣鉉等曰今俗从䍃余招切

說文解字第十二下

說文解字弟十三上　漢太尉祭酒許慎記

銀青光祿大夫守右散騎常侍上柱國東海縣開國子食邑五百戶臣徐鉉等奉

敕校定

二十三部　文七百　重一百二十四

凡八千三百九十八字　文三十七新附

糸 細絲也象束絲之形凡糸之屬皆从糸讀若覛 徐鍇曰一蠶所吐爲忽十忽爲絲糸五忽也莫狄切 𢆶 古文糸

繭 蠶衣也从糸从虫黹省古典切 𧖸 古文繭从糸見 繅 繹繭爲絲也从糸巢聲穌遭切 繹 抽絲也从糸睪聲羊益切 緒 絲耑也从糸者聲徐呂切 緬 微絲也从糸面聲弭沇切 純 絲也从糸屯聲論語曰今也純儉常倫切 綃 生絲也从糸肖聲相幺切 䋣 大絲也从糸皆聲口皆切 紇 絲下也从糸气聲春秋傳有臧孫紇下沒切

紙 絲滓也从糸氏聲都兮切 絓 繭滓絓頭也一曰以囊絮練也从糸圭聲胡卦切 纅 絲色也从糸樂聲以灼切 䍜 著絲於筟車也从糸崔聲穌對切 經 織也从糸巠聲九丁切 織 作布帛之總名也从糸戠聲之弋切 絍 機縷也从糸壬聲如甚切 綜 機縷也从糸宗聲子宋切 綹 緯十縷爲綹从糸咎聲讀若柳力久切 緯 織橫絲也从糸韋聲云貴切 繢 織餘也从糸貴聲胡對切 統 紀也从糸充聲他綜切 紀 絲別也从糸己聲居擬切 繈 觕纇也从糸強聲居兩切 纇 絲節也从糸頪聲盧對切 紿 絲勞即紿从糸台聲徒亥切 納 絲溼納納也从糸內聲奴荅切 紡 網絲也从糸方聲妃兩切 絕 斷絲也从糸从刀从卩情雪切 𢇍 古文絕象不連體絕二絲 繼 續也从糸𢇍一曰反𢇍爲繼古詣切 續 連也从糸賣聲似足切 賡 古文續从庚貝 臣鉉等曰今俗作古行切 纘 繼也从糸贊聲作管切 紹 繼也从糸召聲一曰紹緊糾也市沼切 𥿋 古文紹从邵 ⿰糸盈 緩也从糸盈聲讀與聽同他丁切 ⿰糸呈 ⿰糸盈或从呈 縱 緩也一曰舍也从糸從聲足用切 紓 緩也从糸予聲傷魚切 繎 絲勞也从糸然聲如延切 紆 詘也从糸于聲一曰縈也億俱切 緈 直也从糸幸聲讀若陘胡頂切 纖 細也从糸

韱聲息廉切 細 微也从糸囟聲穌計切 緢 旄絲也从糸苗聲周書曰惟緢有稽武儦切 縒 參縒也从糸差聲楚宜切

繙 冕也从糸番聲附袁切 縮 亂也从糸宿聲一曰蹴也所六切 紊 亂也从糸文聲商書曰有條而不紊亡運切

級 絲次弟也从糸及聲居立切 總 聚束也从糸悤聲臣鉉等曰今俗作揔非是作孔切 䋈 約也从糸具聲居玉切

約 纏束也从糸勺聲於略切 繚 纏也从糸尞聲盧鳥切 纏 繞也从糸廛聲直連切 繞 纏也从糸堯聲而沼切

紾 轉也从糸㐱聲之忍切 繯 落也从糸瞏聲胡畎切 辮 交也从糸辡聲頻犬切 結 締也从糸吉聲古屑切

縎 結也从糸骨聲古忽切 締 結不解也从糸帝聲特計切 縛 束也从糸尃聲符钁切 繃 束也从糸崩聲墨子

曰禹葬會稽桐棺三寸葛以繃之補盲切 絿 急也从糸求聲詩曰不競不絿巨鳩切 絅 急引也从糸冋聲古熒切 ⿰糸𠂢 散絲

也从糸𠂢聲匹卦切 ⿰糸羸 不均也从糸羸聲力臥切 給 相足也从糸合聲居立切 綝 止也从糸林聲讀若郴丑林切 縪 止也

从糸畢聲卑吉切 紈 素也从糸丸聲胡官切 終 絿絲也从糸冬聲職戎切 夂 古文終 ⿰糸集 合也从糸从集讀若捷

姊入切 繒 帛也从糸曾聲疾陵切 辝 籒文繒从宰省楊雄以為漢律祠宗廟丹書告 緭 繒也从糸胃聲云貴切 絩 綺絲

之數也漢律曰綺絲數謂之絩布謂之緫綬組謂之首从糸兆聲治小切 綺 文繒也从糸奇聲祛彼切 縠 細縛也从糸㱿聲胡谷切 縳 白鮮

色也从糸專聲持沇切 縑 并絲繒也从糸兼聲古甛切 綈 厚繒也从糸弟聲杜兮切 練 湅繒也从糸柬聲郎甸切

縞 鮮色也从糸高聲古老切 纚 粗緒也从糸璽聲臣鉉等曰今俗別作絁非是式支切 紬 大絲繒也从糸由聲直由切 綮

緻繒也一曰微幟信也有齒从糸𢼄聲康禮切 綾 東齊謂布帛之細曰綾从糸夌聲力膺切 縵 繒無文也从糸曼聲漢律曰賜衣者縵表

白裏莫半切 繡 五采備也从糸肅聲息救切 絢 詩云素以為絢兮从糸旬聲臣鉉等案論語注絢文皃許掾切 繪 會五

采繡也虞書曰山龍華蟲作繪論語曰繪事後素从糸會聲黃外切 緀 白文皃詩曰緀兮斐兮成是貝錦从糸妻聲七稽切 絑 繡文如聚

細米也从糸从米米亦聲莫礼切 絹 繒如麥稍从糸肙聲吉掾切 綠 帛青黃色也从糸彔聲力玉切 縹 帛青白色也从糸㶾聲

敷沼切 ⿰糸育 帛青經縹緯一曰育陽染也从糸育聲余六切 絑 純赤也虞書丹朱如此从糸朱聲章俱切 纁 淺絳也从糸熏聲許

云切 絀 絳也从糸出聲丑律切 絳 大赤也从糸夅聲古巷切 綰 惡也絳也从糸官聲一曰綃也讀若雞卵烏版切 縉 帛赤

色也春秋傳縉雲氏禮有縉緣从糸晉聲即刃切 綪 赤繒也从茜染故謂之綪从糸青聲倉絢切 緹 帛丹黃色从糸是聲他礼切

粗者爲紵从糸宁聲直呂切 䊶 紵或从緒省 緦 十五升布也一曰兩麻一絲布也从糸思聲息茲切 𢇍 古文緦从糸省 緆 細布也从糸易聲先擊切 ⿸麻易 緆或从麻 緰 緰貲布也从糸俞聲度侯切 縗 服衣長六寸博四寸直心从糸衰聲倉回切 絰 喪首戴也从糸至聲臣鉉等曰當从姪省乃得聲徒結切 緶 交枲也一曰緁衣也从糸便聲房連切 ⿱戶糸 屨也一曰青絲頭履也讀若阡陌之陌从糸戶聲亡百切 ⿰糸封 枲屨也从糸封聲博蠓切 緉 屨兩枚也一曰絞也从糸从兩兩亦聲力讓切 絜 麻一耑也从糸㓞聲古屑切 繆 枲之十絜也一曰綢繆从糸翏聲武彪切 綢 繆也从糸周聲直由切 縕 紼也从糸𥁕聲於云切 紼 亂系也从糸弗聲分勿切 絣 氐人殊縷布也从糸并聲北萌切 紕 氐人𦃇也讀若禹貢玭珠从糸比聲卑履切 𦃇 西胡毳布也从糸罽聲居例切 縊 經也从糸益聲春秋傳曰夷姜縊於賜切 綏 車中把也从糸从妥徐鍇曰禮升車必正立執綏所以安也當从爪从安省說文無妥字息遺切 彝 宗廟常器也从糸糸綦也廾持米器中寶也彑聲此與爵相似周禮六彝雞彝鳥彝黃彝虎彝蟲彝斝彝以待祼將之禮以脂切 𢑚 𢑱 皆古文彝 緻 密也从糸致聲直利切

文二百四十八　重三十一

緗 帛淺黃色也从糸相聲息良切 緋 帛赤色也从糸非聲甫微切 緅 帛青赤色也从糸取聲子侯切 繖 蓋也从糸散聲蘇旱切 練 布屬从糸東聲所葅切 縡 事也从糸宰聲子代切 繾 繾綣不相離也从糸遣聲去演切 綣 繾綣也从糸卷聲去阮切

文九　新附

素 白緻繒也从糸𠂹取其澤也凡素之屬皆从素桑故切

⿰素収 素屬从素収聲居玉切 ⿰素勺 白約縞也从素勺聲以灼切 ⿰素率 素屬从素率聲所律切 繛 𦆠也从素卓聲昌約切 綽 繛或省 ⿰素爰 𦆠也从素爰聲胡玩切 緩 𦆠或省

文六　重二

絲 蠶所吐也从二糸凡絲之屬皆从絲息茲切

轡 馬轡也从絲从軎與連同意詩曰六轡如絲兵媚切 ⿱𢆶廾 織絹从糸貫杼也从絲省廾聲古還切臣鉉等曰廾古磺字

文三

率 捕鳥畢也象絲罔上下其竿柄也凡率之屬皆从率所律切

文一

[illegible] 文一

[illegible] 文三

[illegible] 文六

[illegible] 文九

文[illegible]百四十八 重十一

[illegible]

虫 一名蝮博三寸首大如擘指象其臥形物之微細或行或毛或蠃或介或鱗以虫爲象凡虫之屬皆从虫 許偉切

蝮 虫也从虫复聲芳目切
螣 神蛇也从虫朕聲徒登切
蚦 大蛇可食从虫冄聲人占切
螼 螾也从虫堇聲弃忍切
螾 側行者从虫寅聲余忍切
蚓 螾或从引
螉 蟲在牛馬皮者从虫翁聲烏紅切
蠑 螉蠑也从虫從聲子紅切
蠁 知聲蟲也从虫鄉聲許兩切
[illegible] 司馬相如蠁从向
蛁 蟲也从虫召聲都僚切
[illegible] 蟲也从虫𣪊聲祖外切
蛹 繭蟲也从虫甬聲余隴切
螝 蛹也从虫鬼聲讀若潰胡罪切
蛕 腹中長蟲也从虫有聲戶恢切
蟯 腹中短蟲也从虫堯聲如招切
雖 似蜥蜴而大从虫唯聲息遺切
虺 虺以注鳴詩曰胡爲虺蜥从虫兀聲臣鉉等曰兀非聲未詳許偉切
蜥 蜥易也从虫析聲先擊切
蝘 在壁曰蝘蜓在艸曰蜥易从虫匽聲於殄切
[illegible] 蝘或从䖵
蜓 蝘蜓也从虫廷聲一曰螾蜓徒典切
蚖 榮蚖蛇醫以注鳴者从虫元聲愚袁切
蠸 蟲也一曰大螫也讀若蜀都布名从虫雚聲巨員切
螟 蟲食穀葉者吏冥冥犯法即生螟从虫从冥冥亦聲莫經切
蟘 蟲食苗葉者吏乞貸則生蟘从虫从貸貸亦聲詩曰去其螟蟘臣鉉等曰今俗作蟘非是徒得切

蟣 蝨子也一曰齊謂蛭曰蟣从虫幾聲居豨切
蛭 蟣也从虫至聲之日切
蝚 蛭蝚至掌也从虫柔聲耳由切
蛣 蛣蚰蝎也从虫吉聲去吉切
蚰 蛣蚰也从虫出聲區勿切
蟫 白魚也从虫覃聲余箴切
蛵 丁蛵負勞也从虫巠聲戶經切
蜭 毛蠹也从虫臽聲乎感切
蟜 蟲也从虫喬聲居夭切
蛓 毛蟲也从虫𢦏聲千志切
蛙 蠆也从虫圭聲烏蝸切
蚔 畫也从虫氏聲巨支切
蠆 毒蟲也象形丑芥切
[illegible] 蠆或从䖵
蝤 蝤蠐也从虫酋聲字秋切
蠐 蠐螬也从虫齊聲徂兮切
蝎 蝤蝎也从虫曷聲胡葛切
強 蚚也从虫弘聲徐鍇曰弘與強聲不相近秦刻石文从口疑从籒文省巨良切
[illegible] 籒文強从䖵从彊
蚚 強也从虫斤聲巨衣切
蜀 葵中蠶也从虫上目象蜀頭形中象其身蜎蜎詩曰蜎蜎者蜀市玉切
蠲 馬蠲也从虫目益聲了象形明堂月令曰腐艸爲蠲古玄切
螕 齧牛蟲也从虫𣬉聲邊兮切
蠖 尺蠖屈申蟲从虫蒦聲烏郭切
蝝 復陶也劉歆說蝝蚍蜉子董仲舒說蝗子也从虫彖聲與專切
螻 螻蛄也从虫婁聲一曰螜天螻洛矦切
蛄 螻蛄也从虫古聲古乎切
蠪 丁螘也从虫龍聲盧紅切
蛾 羅也从虫我聲臣鉉等案爾雅蛾羅蠶蛾也蚰部已有𧖎或作蛾此重出五何切
螘 蚍蜉也从虫豈聲魚綺切
蚳 螘子也从虫氏聲周禮有蚳醢讀若祁直尼切
[illegible] 籒文蚳从䖵
[illegible] 古文蚳从辰土
蠜 𨸏蠜也从虫樊聲附袁切
蛗

[illegible]

悉𧍐也从虫帥聲臣鉉等曰今俗作蟀非是所律切
蝒　馬蜩也从虫面聲武延切
蟷　蟷蠰不過也从虫當聲都郎切
蠰　蟷蠰也从虫襄聲汝羊切
蜋　堂蜋也从虫良聲一名蚚父魯當切
蛸　蟲蛸堂蜋子从虫肖聲相邀切
蛢　𧒒蟥以翼鳴者从虫并聲薄經切
𧒒　𧒒蟥也从虫矞聲余律切
蟥　𧒒蟥也从虫黃聲乎光切
𧎆　蛄𧎆強芈也从虫施聲式支切
蛅　蛅斯墨也从虫占聲職廉切
蜆　縊女也从虫見聲胡典切
蜰　盧蜰也从虫肥聲符非切
𧍯　渠𧍯一曰天社从虫卻聲其虐切
𧕅　𧕅蠃蒲盧細要土蠭也天地之性細要純雄無子詩曰螟蠕有子𧕅蠃負之从虫𩱧聲古火切
蜾　𧕅或从果
蠃　蜾蠃也从虫𣎆聲一曰虒蝓郎果切
𧕋　螟𧕋桑蟲也从虫霝聲郎丁切
蛺　蛺蜨也从虫夾聲兼叶切
蜨　蛺蜨也从虫疌聲臣鉉等曰今俗作蝶非是徒叶切
蚩　蟲也从虫之聲赤之切
𧍢　盤蝥毒蟲也从虫般聲布還切
蝥　盤蝥也从虫敄聲臣鉉等曰今俗作蟊非是蟊即蠿蟊蜘蛛之別名也莫交切
蟠　鼠婦也从虫番聲附袁切
蛜　蛜威委黍委黍鼠婦也从虫伊省聲於脂切
蜙　蜙蝑以股鳴者从虫松聲息恭切
蚣　蜙或省臣鉉等曰今俗作古紅切以爲蜈蚣蟲名
蝑　蜙蝑也从虫胥聲相居切
蟅　蟲也从虫庶聲之夜切
蝗　螽也从虫皇聲乎光切
蜩　蟬也从虫周聲詩曰五月鳴蜩徒聊切
𧊚　蜩或从舟
蟬　以旁鳴者从虫單聲市連切
蜺　寒蜩也从虫兒聲五雞切
螇　螇鹿蛁蟟也从虫奚聲胡雞切

蚗　蛜蚗蛁蟟也从虫夬聲於悅切
𧊅　蛜蚗蟬屬讀若周天子赧从虫丏聲武延切
蛚　蜻蛚也从虫列聲良薛切
蜻　蜻蛚也从虫青聲子盈切
蛉　蜻蛉也从虫令聲一名桑根郎丁切
蠓　蠛蠓也从虫蒙聲莫孔切
蛶　渠蛶也一曰蜉游朝生莫死者从虫略聲离灼切
蜹　秦晉謂之蜹楚謂之蚊从虫芮聲而銳切
蟰　蟰蛸長股者从虫肅聲穌彫切
𧍮　蟲也从虫省聲息正切
𧎙　商何也从虫平聲力騷切
蜡　蠅胆也周禮蜡氏掌除骴从虫昔聲鉏駕切
蝡　動也从虫耎聲而沇切
蚑　行也从虫支聲巨支切
蠉　蟲行也从虫瞏聲香沇切
𧈧　蟲曳行也从虫屮聲讀若騁丑善切
螸　螽醜螸垂腴也从虫欲聲余足切
𧎳　蠅醜𧎳搖翼也从虫扇聲式戰切
蛻　蛇蟬所解皮也从虫捝省輸芮切
蠚　螫也从虫若省聲呼各切
螫　蟲行毒也从虫赦聲施隻切
蝁　蚅也从虫亞聲烏各切
蛘　搔蛘也从虫羊聲余兩切
蝕　敗創也从虫人食食亦聲乘力切
蛟　龍之屬也池魚滿三千六百蛟來爲之長能率魚飛置笱水中即蛟去从虫交聲古肴切
螭　若龍而黃北方謂之地螻从虫离聲或云無角曰螭丑知切
虯　龍子有角者从虫丩聲渠幽切
蜦　蛇屬黑色潛于神淵能興風雨从虫侖聲讀若戾艸力屯切
蜧　蜦或从戾
螊　海蟲也長寸而白可食从虫兼聲讀若嗛力鹽切
蜃　雉入海化爲蜃从虫辰聲時忍切
蛤　蜃屬有三皆生於海千歲化爲蛤秦謂之牡厲又云百歲燕所化魁蛤一名復累老服翼所化从虫合聲古沓切
螷　階也脩爲螷圓爲蠇从虫庳臣鉉等

曰今俗作鮩或作蠯非是蒲猛切 蝸 蝸蠃也从虫咼聲古華切 蚌 蜃屬从虫丰聲步項切 蠇 蚌屬似螊微大出海中今民食之从虫萬聲讀若賴力制切 蝓 虒蝓也从虫俞聲羊朱切 蜎 蜎也从虫肙聲狂沇切 蟺 夗蟺也从虫亶聲常演切 蚴 蚴蟉也从虫幽聲於糾切 蟉 蚴蟉也从虫翏聲力幽切 蟄 藏也从虫執聲直立切 蚨 青蚨水蟲可還錢从虫夫聲房無切 ⿰虫匊 蝌蠹黽詹諸以脰鳴者从虫匊聲居六切 蝦 蝦蟆也从虫叚聲乎加切 蟆 蝦蟆也从虫莫聲莫遐切 蠵 大龜也从胃鳴者从虫巂聲戶圭切 蠵 司馬相如說蠵从敻 螹 螹離也从虫漸省聲慈染切 蟹 有二敖八足旁行非蛇鮮之穴無所庇从虫解聲胡買切 𩵽 蟹或从魚 蛫 蟹也从虫危聲過委切 蜮 短狐也似鼈三足以气䠶害人从虫或聲于逼切 蟈 蜮又从國臣鉉等曰今俗作古獲切以為蝦蟇之別名 ⿰虫屰 似蜥易長一丈水潛吞人即浮出日南从虫屰聲吾各切 蝄 蝄蜽山川之精物也淮南王說蝄蜽狀如三歲小兒赤黑色赤目長耳美髮从虫网聲國語曰木石之怪夔蝄蜽文兩切 蜽 蝄蜽也从虫兩聲臣鉉等曰今俗別作魍魎非是良獎切 蝯 善援禺屬从虫爰聲臣鉉等曰今俗別作猨非是雨元切 蠗 禺屬从虫翟聲直角切 蜼 如母猴卬鼻長尾从虫隹聲余季切 蚼 北方有蚼犬食人从虫句聲古厚切 蛩 蛩蛩獸也一曰秦謂蟬蛻曰蛩从虫巩聲渠容切 蟨 鼠也一曰西方有獸前足短與蛩蛩巨虛比其名謂之蟨从虫厥聲居月切 蝙 蝙蝠也从虫扁聲布玄切 蝠 蝙蝠服翼也从虫畐聲方六切 蠻 南蠻蛇穜从虫䜌聲莫還切 閩 東南越蛇穜从虫門聲武巾切

虹 螮蝀也狀似蟲从虫工聲明堂月令曰虹始見戶工切 ⿰虫申 籒文虹从申申電也 螮 螮蝀虹也从虫帶聲都計切 蝀 螮蝀也从虫東聲多貢切 䗐 衣服歌謠艸木之怪謂之䄏禽獸蟲蝗之怪謂之䗐从虫辥聲魚列切

文一百五十三　重十五

蜑 南方夷也从虫延聲徒旱切 蟪 蟪蛄蟬也从虫惠聲胡桂切 蠛 蠛蠓細蟲也从虫蔑聲亡結切 蚝 蛅蟴艸上蟲也从虫毛聲陟格切 蜢 蚱蜢也从虫孟聲莫杏切 蟋 蟋蟀也从虫悉聲息七切 螳 螳蜋也从虫堂聲徒郎切

文七　新附

說文解字弟十三上

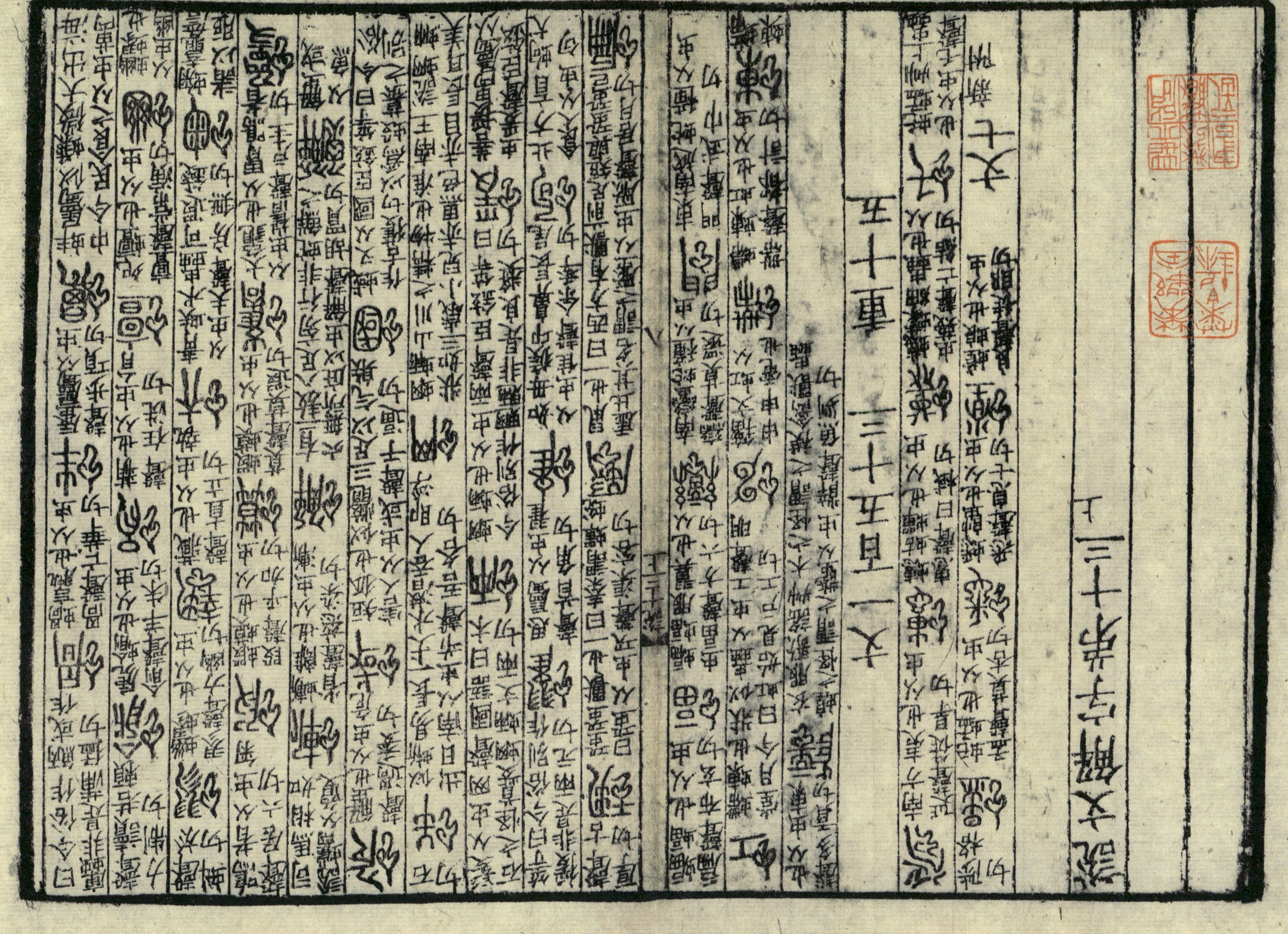

乙亥歲定侯得此本出以示余辰卷數異以爲罕見之
品今讀定侯兄弟題跋皆寶貴不校卷首標目第一行至
四行卷第五上首葉一行至四行卷第八末葉後三行卷第九
上首葉一行至四行卷第十二下末葉後四行卷第十三上首葉一
行至四行卷第十五下末葉第五行半已下皆剜去定侯從印痕
遠處審爲初裝四冊首尾皆鈐官印估人剜以滅迹其說良是紙
質堅韌緻密日本島田翰跋陸氏皕宋樓本謂初觀似高麗繭紙
審諦則非當是永豐棉紙定侯引其語疑此亦當是永豐棉紙蓋
頗近理惜陸本遠隔瀛海無由並几對觀增一佳證余今姑取商務
印書館影印陸本与此細校筆畫波磔無豪髮殊異輕重亦同知
爲一板且時代相去非遠此本第一卷首葉板匡下畫蓋出筆描故
移上分許第十行小注陸本牧悲切此則以墨筆改牧爲敷非板刻
如此此本卷第九上第一葉板心有史伯恭重刊及卷第十第七第九
葉卷第十一第三葉卷第十五第七葉板心有重刊字陸氏皆然惟
卷第一上首葉首行漢太尉祭酒許慎記慎字陸本僅剜去末筆
此則全字剜去卷第八下首葉首行慎字陸本亦僅剜末筆此則改
慎爲氏他卷首行慎字或缺或不缺或改氏字此本皆与陸本同惟陸本卷第十下第一第二葉皆係鈔補其筆畫不足依據知此本印時較
後於陸本又於此本卷末尚存餘紙審諦觀所刻行格至何處止
与陸氏本皆同此本有墨畫加於其上者蓋易辨也絕無十一月江浙等處儒學字者故
可決爲非元以後印本矣陸本久爲世所豔稱此本在吾湘初不爲
人所知隐晦已久今乃出爲書林增色請告域中不復以不見陸本
爲憾矣壬辰閏夏長沙徐楨立識

說文解字弟十三下　　漢太尉祭酒許慎記

銀青光祿大夫守右散騎常侍上柱國東海縣開國子食邑五百戶臣徐鉉等奉

敕校定

䖵 蟲之總名也从二虫凡䖵之屬皆从䖵讀若昆 古魂切

蠶 任絲也从䖵朁聲昨含切 䖸 蠶化飛蟲从䖵我聲五何切 蛾 䖸或从虫 𧒂 齧人跳蟲从䖵叉聲叉古爪字子皓切 蚤

𧒂或从虫 蝨 齧人蟲从䖵卂聲所櫛切 螽 蝗也从䖵夂聲夂古文終字職戎切 [illegible] 螽或从虫眾聲 [illegible] 蟲也从䖵展省聲知

衍切 蠽 小蟬蜩也从䖵𢧜聲子列切 蠿 蠿蟊作罔蛛蟊也从䖵𢇍聲𢇍古絕字側八切 蟊 蠿蟊也从䖵矛聲莫交切

[illegible] 蟲也从䖵寍聲奴丁切 [illegible] 齏蠤也从䖵曹聲財牢切 [illegible] 螻蛄也从䖵𦐇聲胡葛切 [illegible] 蟲蛸也从䖵卑

聲匹標切 [illegible] 䗃或从虫 蠭 飛蟲螫人者从䖵逢聲敷容切 [illegible] 古文省 [illegible] 蠭甘飴也一曰螟子从䖵鼏聲彌必切

[illegible] 蠠或从宓 [illegible] 蝭蟟也从䖵巨聲強魚切 蟁 齧人飛蟲从䖵民聲無分切 [illegible] 蟁或从昏以昏時出也

蚊 俗蟁从虫从文 蝱 齧人飛蟲从䖵亡聲武庚切 蠹 木中蟲从䖵橐聲當故切 [illegible] 蠹或从木象蟲在木中形

譚長說 蠡 蟲齧木中也从䖵彖聲盧啓切 [illegible] 古文 [illegible] 多足蟲也从䖵求聲巨鳩切 [illegible] 蠢或从虫 [illegible]

蚍蠹也从䖵橐聲縛牟切 [illegible] 蠹或从虫从孚 [illegible] 蟲食也从䖵雋聲子兖切 蠢 蟲動也从䖵春聲尺尹切 𢧢 古文

蠢从𢦏周書曰我有𢦏于西　文二十五　重十三

蟲 有足謂之蟲無足謂之豸从三虫凡蟲之屬皆

从蟲 直弓切

蟊 蟲食艸根者从蟲象其形吏抵冒取民財則生徐鍇曰唯此一字象蟲形不从矛書者多誤莫浮切 [illegible] 蟊或从敄臣鉉

等按虫部已有莫交切作螌蝥此重出 [illegible] 古文蟊从虫从牟 [illegible] 蚍蜉大螘也从蟲比聲房脂切 蚍 蟲比或从虫比聲

[illegible] 蟁蟲也从蟲門聲武巾切 蜚 臭蟲負蠜也从蟲非聲房未切 [illegible] 蜚或从虫 蠱 腹中蟲也春秋傳曰皿蟲爲蠱

晦淫之所生也梟桀死之鬼亦爲蠱从蟲从皿皿物之用也公戶切

文六　重四

風　八風也東方曰明庶風東南曰清明風南方曰景風西南曰涼風西方曰閶闔風西北曰不周風北方曰廣莫風東北曰融風風動蟲生故蟲八日而化从虫凡聲凡風之屬皆从風　方戎切

凬　古文風

𩗕　北風謂之𩗕从風涼省聲呂張切

𩗗　小風也从風朮聲翾聿切

飆　扶搖風也从風猋聲甫遙切

颮　飆或从包

飄　回風也从風㶾聲撫招切

颯　翔風也从風立聲穌合切

飂　高風也从風翏聲力求切

𩗺　疾風也从風从忽忽亦聲呼骨切

颹　大風也从風胃聲王勿切

𩗓　大風也从風日聲于筆切

颺　風所飛揚也从風昜聲與章切

𩗬　風雨暴疾也从風利聲讀若栗力質切

颲　烈風也从風列聲讀若列良辥切

文十三　重二

颸　涼風也从風思聲息茲切

颼　颼飀也从風叜聲所鳩切

颭　風吹浪動也从風占聲隻冉切

文三　新附

它　虫也从虫而長象冤曲垂尾形上古艸居患它故相問無它乎凡它之屬皆从它　託何切

蛇　它或从虫　臣鉉等曰今俗作食遮切

文一　重一

龜　舊也外骨內肉者也从它龜頭與它頭同天地之性廣肩無雄龜鼈之類以它爲雄象足甲尾之形凡龜之屬皆从龜　居追切

𠁴　古文龜

𪚴　龜名从龜夂聲夂古文終字徒冬切

䶨　龜甲邊也从龜冉聲天子巨龜尺有二寸諸矦尺大夫八寸士六寸汝閻切

文三　重一

黽　鼃黽也从它象形黽頭與它頭同凡黽之屬皆从黽　莫杏切　臣鉉等曰象其腹也

𪚦 籀文黽 鼈 甲蟲也从黽敝聲并列切 黿 大鼈也从黽元聲愚袁切 鼃 蝦蟇也从黽圭聲烏媧切
鼀 圥鼀詹諸也其鳴詹諸其皮鼀鼀其行圥圥从黽从圥圥亦聲七宿切 𪓰 鼀或从酋 䵷 䵷䵶詹諸
也詩曰得此䵷䵶言其行䵷䵶从黽爾聲式支切 鼉 水蟲似蜥易長大从黽單聲徒何切 䶄 水蟲也薉貉之民食之从黽奚
聲胡雞切 鼅 鼊屬頭有兩角出遼東从黽句聲其俱切 蠅 營營青蠅蟲之大腹者从黽从虫余陵切 鼅 鼅鼄蟊也
从黽智省聲陟离切 蜘 或从虫 鼄 鼅鼄也从黽朱聲陟輸切 蛛 鼄或从虫 鼂 匽鼂也讀若朝揚雄說匽鼂蟲
名杜林以爲朝旦非是从黽从旦直遙切 𪓷 篆文从皀 文十三 重五
鼇 海大鼈也从黽敖聲五牢切 文一 新附
卵 凡物無乳者卵生象形凡卵之屬皆从卵盧管切
毈 卵不孚也从卵段聲徒玩切 文二
二 地之數也从偶一凡二之屬皆从二而至切

亟 敏疾也从人从口从又从二二天地也徐鍇曰承天之時因地之利口謀之手執之時不可失疾也紀力切又去吏切 恆 常也从心
从舟在二之閒上下心以舟施恒也胡登切 𠄨 古文恒从月詩曰如月之恒 亘 求亘也从二从回回古文回象亘形上下所求物也徐鍇曰
回風回轉所以宣陰陽也須緣切 竺 厚也从二竹聲冬毒切 凡 最括也从二二偶也从了了古文及浮芝切
文六 重二

土 地之吐生物者也二象地之下地之中物出形
也凡土之屬皆从土它魯切
地 元气初分輕清陽爲天重濁陰爲地萬物所陳列也从土也聲徒四切 墬 籀文地从阝 坤 地也易之卦也从土从申土位
在申苦昆切 垓 兼垓八極地也國語曰天子居九垓之田从土亥聲古哀切 墺 四方土可居也从土奧聲於六切 𡓡 古文
墺 堣 堣夷在冀州陽谷立春日日值之而出从土禺聲尚書曰宅堣夷噳俱切 坶 朝歌南七十里地周書武王與紂戰于坶野从土母聲莫
六切 坡 阪也从土皮聲滂禾切 坪 地平也从土从平平亦聲皮命切 均 平徧也从土从勻勻亦聲居勻切 壤 柔土也从土襄

聲如兩切

塙 堅不可拔也从土高聲苦角切 墽 磽也从土敫聲口交切 壚 剛土也从土盧聲洛乎切 垶 赤剛土也从土觲省聲息營切

埴 黏土也从土直聲常職切 坴 土塊坴坴也从土圥聲讀若逐一曰坴梁力竹切 𡋯 土也洛陽有大𡋯里从土軍聲戶昆切

墣 塊也从土菐聲匹角切 圤 墣或从卜 凷 墣也从土一屈象形苦對切 塊 凷或从鬼 堛 凷也从土畐聲芳逼切

堫 種也一曰内其中也从土㚇聲子紅切 塍 稻中畦也从土朕聲食陵切 坺 治也一曰臿土謂之坺詩曰武王載坺一曰塵皃从土犮聲蒲撥切

坄 陶竈窻也从土役省聲營隻切 基 牆始也从土其聲居之切 垣 牆也从土亘聲雨元切 𩫏 籒文垣从𩫖

圪 牆高也詩曰崇墉圪圪从土气聲魚迄切 堵 垣也五版爲一堵从土者聲當古切 𩫅 籒文从𩫖 壁 垣也从土辟聲比激切

㙩 周垣也从土尞聲力沼切 堨 壁間隙也从土曷聲讀若謁魚列切 埒 卑垣也从土寽聲力輟切 堪 地突也从土甚聲口含切

堀 突也詩曰蜉蝣堀閱从土屈省聲苦骨切 堂 殿也从土尚聲徒郎切 坣 古文堂 𩫖 籒文堂从高省 垛 堂塾也从土朶聲丁果切

坫 屏也从土占聲都念切 [illegible] 涂也从土浝聲臣鉉等案水部已有此重出力歱切 垷 涂也从土見聲胡典切

墐 涂也从土堇聲渠吝切 塈 仰涂也从土既聲其冀切 堊 白涂也从土亞聲烏各切 墀 涂地也从土犀聲禮天子赤墀直泥切

說文十三下 四

墼 瓴適也一曰未燒也从土毄聲古歷切 坋 埽除也从土弁聲讀若糞方問切 埽 棄也从土从帚穌老切 在 存也从土才聲昨代切

坐 止也从土从留省土所止也此與留同意徂臥切 坐 古文坐 坻 箸也从土氏聲諸氏切 填 塞也从土眞聲陟鄰切又待年切

坦 安也从土旦聲他但切 坒 地相次比也衞大夫貞子名坒从土比聲毗至切 堤 滯也从土是聲丁礼切 壎 樂器也以土爲之六孔从土熏聲況袁切

封 爵諸侯之土也从之从土从寸守其制度也公侯百里伯七十里子男五十里徐鍇曰各之其土也會意府容切 𡉢 古文封省 𡔿 籒文从𡉢

璽 王者印也所以主土从土爾聲斯氏切 壐 籒文从玉 墨 書墨也从土从黑黑亦聲莫北切 垸 以桼和灰而髹也从土完聲一曰補垸胡玩切

型 鑄器之法也从土刑聲戶經切 埻 射臬也从土𦎫聲讀若準之允切 塒 雞棲垣爲塒从土時聲市之切

城 以盛民也从土从成成亦聲氏征切 𩫨 籒文城从𩫖 墉 城垣也从土庸聲余封切 𩫖 古文墉 堞 城上女垣也从土枼聲徒叶切

坎 陷也从土欠聲苦感切 墊 下也春秋傳曰墊隘从土執聲都念切 坻 小渚也詩曰宛在水中坻从土氏聲直尼切 汷 坻或从水从夂

渚 坻或从水从耆 ⿱㬎土 下入也从土㬎聲敕立切 垎 水乾也一曰堅也从土各聲胡格切 垐 以土增大道上从土次聲疾資切

堲 古文垐从土即虞書曰龍朕堲讒說殄行堲疾惡也 增 益也从土曾聲作滕切 埤 增也从土卑聲符支切 坿 益也从土付聲符

遏切
塞 隔也从土从𡫳先代切
圣 汝潁之間謂致力於地曰圣从土从又讀若兔窟苦骨切
垍 堅土也从土自聲讀若泉其冀切
埱 气出土也一曰始也从土叔聲昌六切
埵 堅土也从土垂聲讀若朵丁果切
埐 地也从土㑴聲子林切
埾 土清也从土从聚省才句切
壔 保也高土也从土𩫖聲讀若毒都皓切
培 培敦土田山川也从土咅聲薄回切
埩 治也从土爭聲疾郢切
墇 擁也从土章聲之亮切
⿰土則 遏遮也从土則聲初力切
垠 地垠也一曰岸也从土艮聲語斤切
圻 垠或从斤
墠 野土也从土單聲常衍切
垑 恃也从土多聲尺氏切
壘 軍壁也从土畾聲力委切
垝 毀垣也从土危聲詩曰乘彼垝垣過委切
陒 垝或从𨸏
圮 毀也虞書曰方命圮族从土己聲符鄙切
⿰酉非 圮或从手从非配省聲
垔 塞也尚書曰鯀垔洪水从土西聲於真切
⿱⿴口㐅土 古文垔
塹 阬也一曰大也从土斬聲七豔切
埂 秦謂阬爲埂从土更聲讀若井汲綆古杏切
壙 塹穴也一曰大也从土廣聲苦謗切
塏 高燥也从土豈聲苦亥切
毀 缺也从土毇省聲許委切
𣪘 古文毀从壬
壓 壞也一曰塞補从土厭聲烏狎切
壞 敗也从土褱聲下怪切
⿰罒土 古文壞省
𣪘 籒文壞臣鉉等按攴部有敹此重出
坷 坎坷也梁國寧陵有坷亭从土可聲康我切
⿰土虖 墟也从土虖聲呼訏切
⿰阝虖 墟或从𨸏
坼 裂也詩曰不坼不疈从土㡿聲丑格切
坱 塵埃也从土央聲於亮切
塺 塵也从土麻聲亡果切
塿 塺土也从土婁聲洛侯切
坋 塵也从土分聲一曰大防也房吻切
⿱非土 塵也从土非聲房未切
埃 塵也从土矣聲烏開切
⿱殹土 塵埃也从土殹聲烏雞切
垽 澱也从土沂聲魚僅切
垢 濁也从土后聲古厚切
⿰土壹 天陰塵也詩曰⿰土壹⿰土壹其陰从土壹聲於計切
坏 丘再成者也一曰瓦未燒从土不聲芳桮切
垤 螘封也詩曰鸛鳴于垤从土至聲徒結切
坥 益州部謂螾場曰坥从土且聲七余切
埍 徒隸所居也一曰女牢一曰亭部从土肙聲古泫切
⿱㱿土 囟突出也从土㱿聲胡八切
瘞 幽薶也从土㾜聲於罽切
堋 喪葬下土也从土朋聲春秋傳曰朝而堋禮謂之封周官謂之窆虞書曰堋淫于家方鄧切
垗 畔也爲四時界祭其中周禮曰垗五帝於四郊从土兆聲治小切
塋 墓也从土熒省聲余傾切
墓 丘也从土莫聲莫故切
墳 墓也从土賁聲符分切
壟 丘壠也从土龍聲力踵切
壇 祭場也从土亶聲徒干切
場 祭神道也一曰田不耕一曰治穀田也从土昜聲直良切
圭 瑞玉也上圜下方公執桓圭九寸侯執信圭伯執躬圭皆七寸子執穀璧男執蒲璧皆五寸以封諸侯从重土楚爵有執圭古畦切
珪 古文圭从玉
圯 東楚謂橋爲圯从土巳聲與之切
垂 遠邊也从土𠂹聲是爲切
堀 兔堀也从土屈聲苦骨切

文一百三十一　重二十六

塗 泥也从土涂聲同都切
塓 塗也从土冥聲莫狄切
埏 八方之地也从土延聲以然切
埸 疆也从土昜聲羊益切

[illegible]

文一百三十一　重二十六

[illegible]

境 疆也从土竟聲經典通用竟居領切 塾 門側堂也从土孰聲殊六切 墾 耕也从土豤聲康很切 塘 隄也从土唐聲徒郎切

坳 地不平也从土幼聲於交切 壒 塵也从土蓋聲於蓋切 墜 陊也从土㒸聲古通用碌直類切 塔 西域浮屠也从土荅聲土盍切 坊 邑里之名从土方聲古通用埅府良切

文十三 新附

垚 土高也从三土凡垚之屬皆从垚吾聊切

堯 高也从垚在兀上高遠也吾聊切 兟 古文堯

文二 重一

堇 黏土也从土从黃省凡堇之屬皆从堇巨斤切

𡎸 古文堇 𡎸 亦古文 艱 土難治也从堇艮聲古閑切 囏 籒文艱从喜

文二 重三

里 居也从田从土凡里之屬皆从里良止切

釐 家福也从里𠩺聲里之切 野 郊外也从里予聲羊者切 壄 古文野从里省从林

文三 重一

田 陳也樹穀曰田象四口十阡陌之制也凡田之屬皆从田待年切

町 田踐處曰町从田丁聲他頂切 㽘 城下田也一曰㽘郤也从田耎聲而緣切 疇 耕治之田也从田𠷎象耕屈之形直由切 𠷎 疇或省

𤳳 燒種也漢律曰𤳳田茠艸从田翏聲力求切 畬 三歲治田也易曰不菑畬田从田余聲以諸切 𤲬 和田也从田柔聲耳由切 畸 殘田也从田奇聲居宜切 𤱈 殘田也詩曰天方薦𤱈从田差聲昨何切 畮 六尺為步步百為畮从田每聲莫厚切 畝 畮或从田十久臣鉉等曰十四方也久聲

甸 天子五百里地从田包省堂練切 畿 天子千里地以遠近言之則言畿也从田幾省聲巨衣切 畦 田五十畝曰畦从田圭聲戶圭切

畹 田三十畝也从田宛聲於阮切 畔 田界也从田半聲薄半切 畍 境也从田介聲古拜切 ⿰田亢 境也一曰陌也趙魏謂陌為⿰田亢从田亢聲古郎切

畷 兩陌間道也廣六尺从田叕聲陟劣切 畤 天地五帝所基址祭地从田寺聲右扶風有五畤好畤鄜畤皆黃帝時祭或曰秦文公立也周市切 略 經略土地也从田各聲烏約切 當 田相值也从田尚聲都郎切 畯 農夫也从田夋聲子峻切 甿 田民也从田亡聲武庚切 𤳲 轢田也从田粦聲良刃切 畱 止也从田丣聲力求切 畜 田畜也淮南子曰玄田為畜丑六切 𡙇 魯郊禮畜从田从茲茲益也

疃 禽獸所踐處也詩曰町疃鹿場从田童聲土短切 畼 不生也从田昜聲臣鉉等曰借為通暢之暢今俗別作暢非是丑亮切

文二十九　重三

畕 比田也从二田凡畕之屬皆从畕 居良切

畺 界也从畕三其界畫也居良切 疆 畺或从彊土

文二　重一

黃 地之色也从田从炗炗亦聲炗古文光凡黃之屬皆从黃 乎光切

𡕛 古文黃 䵍 赤黃也一曰輕易人䵍姁也从黃夾聲許兼切 䵎 黃黑色也从黃耑聲他耑切 䵒 青黃色也从黃有聲呼辠切

黇 白黃色也从黃占聲他兼切 黊 鮮明黃也从黃圭聲戶圭切

文六　重一

男 丈夫也从田从力言男用力於田也凡男之屬皆从男 那含切

舅 母之兄弟爲舅妻之父爲外舅从男臼聲其久切 甥 謂我舅者吾謂之甥也从男生聲所更切

文三

力 筋也象人筋之形治功曰力能圉大災凡力之屬皆从力 林直切

勳 能成王功也从力熏聲許云切 勛 古文勳从員 功 以勞定國也从力从工工亦聲古紅切 助 左也从力且聲牀倨切 勴 助也从力从非慮聲良倨切 勑 勞也从力來聲洛代切 劼 愼也从力吉聲周書曰汝劼毖殷獻臣巨乙切 務 趣也从力敄聲亡遇切 勥 迫也从力強聲巨良切 𠠽 古文从彊 勱 勉力也周書曰用勱相我邦家讀若萬从力萬聲莫話切 𠢕 勥也从力厥聲瞿月切 勍 彊也春秋傳曰勍敵之人从力京聲渠京切 勁 彊也从力巠聲吉正切 勉 彊也从力免聲亡辨切 劭 勉也从力召聲讀若舜樂韶寔照切

勖 勉也周書曰勖哉夫子从力冒聲許玉切 勸 勉也从力雚聲去願切 勝 任也从力朕聲識蒸切 勶 發也从力从徹徹亦聲丑列切作撤非是 勠 并力也从力翏聲力竹切 勨 繇緩也从力象聲余兩切 動 作也从力重聲徒總切 𨔝 古文動从辵

𤳳 推也从力畾聲盧對切 劣 弱也从力少力輟切 勞 劇也从力熒省熒火燒冂用力者勞魯刀切 𢦡 古文勞从悉 勮 務也从力豦聲其據切 勀 尤極也从力克聲苦得切 勩 勞也詩云莫知我勩从力貰聲余制切 勦 勞也春秋傳曰安用勦民从力巢聲

子小切又楚交切

券 勞也从力卷聲臣鉉等曰今俗作倦義同渠卷切 勤 勞也从力堇聲巨巾切 加 語相增加也从力从口古牙切

𠢕 健也从力敖聲讀若豪五牢切 勇 气也从力甬聲余隴切 㦷 勇或从戈用 恿 古文勇从心 勃 排也从力孛聲蒲沒切

勡 劫也从力票聲匹眇切 劫 人欲去以力脅止曰劫或曰以力止去曰劫居怯切 飭 致堅也从人从力食聲讀若敕恥力切

劾 法有辠也从力亥聲胡槩切 募 廣求也从力莫聲莫故切 文四十 重六

劬 勞也从力句聲其俱切 勢 盛力權也从力埶聲經典通用埶舒制切 勘 校也从力甚聲苦紺切 辦 致力也从力辡聲蒲莧切

文四 新附

劦 同力也从三力山海經曰惟號之山其風若劦凡劦之屬皆从劦 胡頰切

恊 同心之和从劦从心胡頰切 勰 同思之和从劦从思胡頰切 協 眾之同和也从劦从十臣鉉等曰十眾也胡頰切 旪 古文協从曰十 叶 或从口

文一 重五

說文解字弟十三下

說文解字第十四上　漢太尉祭酒許愼記

銀青光祿大夫守右散騎常侍上柱國東海縣開國子食邑五百戶臣徐鉉等奉

敕校定

五十一部　文六百三　重七十四

凡八千七百一十七字

文十八新附

金　五色金也。黃爲之長。久薶不生衣，百鍊不輕，从革不違。西方之行。生於土，从土；左右注，象金在土中形；今聲。凡金之屬皆从金。居音切

𨤾　古文金。

銀　白金也。从金艮聲。語巾切

鐐　白金也。从金尞聲。洛蕭切

鋈　白金也。从金，䒑省聲。烏酷切

鉛　青金也。从金㕣聲。與專切

錫　銀鉛之閒也。从金易聲。先擊切

鈏　錫也。从金引聲。羊晉切

銅　赤金也。从金同聲。徒紅切

鏈　銅屬。从金連聲。力延切

鐵　黑金也。从金𢧜聲。天結切

䥫　鐵或省。

銕　古文鐵，从夷。

鍇　九江謂鐵曰鍇。从金皆聲。苦駭切

鋚　鐵也。一曰轡首銅。从金攸聲。以周切

鏤　剛鐵，可以刻鏤。从金婁聲。夏書曰：梁州貢鏤。一曰鏤，釜也。盧候切

鐼　鐵屬。从金賁聲。讀若熏。火運切

銑　金之澤者。一曰小鑿。一曰鐘兩角謂之銑。从金先聲。穌典切

鋻　剛也。从金臤聲。古甸切

鑗　金屬。一曰剝也。从金黎聲。郎兮切

錄　金色也。从金彔聲。力玉切

鑄　銷金也。从金壽聲。之戍切

銷　鑠金也。从金肖聲。相邀切

鑠　銷金也。从金樂聲。書藥切

鍊　冶金也。从金柬聲。郎甸切

釘　鍊鉼黃金。从金丁聲。當經切

錮　鑄塞也。从金固聲。古慕切

鑲　作型中腸也。从金襄聲。汝羊切

鎔　冶器法也。从金容聲。余封切

鋏　可以持冶器鑄鎔者。从金夾聲。讀若漁人莢魚之莢。一曰若挾持。古叶切

鍛　小冶也。从金段聲。丁貫切

鋌　銅鐵樸也。从金廷聲。徒鼎切

鏡　景也。从金竟聲。居慶切

鉹　曲鉹也。从金多聲。一曰鬵鼎，讀若擠。一曰詩云侈兮之侈。尺氏切

鈃　似鐘而頸長。从金幵聲。戶經切

鍾　酒器也。从金重聲。職容切

鑑　大盆也。一曰監諸，可以取明水

於月从金監聲革懺切鐈似鼎而長足从金喬聲巨嬌切鐆陽鐆也从金隊聲徐醉切鋞溫器也圜直上从金巠聲戶經
切鑴瓽也从金巂聲戶圭切鑊鑴也从金蒦聲胡郭切鍑釜大口者从金复聲方副切鍪
鍑屬从金敄聲莫浮切錪朝鮮謂釜曰錪从金典聲他典切銼鍑也从金坐聲昨禾切鑹銼鑹也从金贏聲魯戈切
鈃器也从金幵聲戶經切鎬溫器也从金高聲武王所都在長安西上林苑中字亦如此乎老切鏖溫器也一曰金
器从金麀聲於刀切銚溫器也一曰田器从金兆聲以招切⿰金罂酒器也从金罂象器形大口切罂⿰金罂或省金鐎鐎斗也从
金焦聲即消切鋗小盆也从金肙聲火玄切鏏鼎也从金彗聲讀若彗于歲切鍵鉉也一曰車轄从金建聲渠偃切鉉
舉鼎也易謂之鉉禮謂之鼏从金玄聲胡犬切鋊可以句鼎耳及鑪炭从金谷聲一曰銅屑讀若浴余足切鎣器也从金熒省聲讀
若銑烏定切鑯鐵器也一曰鑴也从金韱聲臣鉉等曰今俗作尖非是子廉切錠鐙也从金定聲丁定切鐙錠也从金
登聲臣鉉等曰錠中置燭故謂之鐙今俗別作燈非是都滕切鏶鍱也从金集聲秦入切鍓鏶或从咠鍱鏶也从金枼聲
齊謂之鍱與涉切鏟鏶也一曰平鐵从金產聲初限切鑪方鑪也从金盧聲臣鉉等曰今俗別作爐非是洛故切鏇

圜鑪也从金旋聲辭戀切⿰金虒器也从金虒聲杜兮切鑥煎膠器也从金虜聲郎古切銗金飾器口从金从口口亦聲苦
厚切錯金涂也从金昔聲倉各切𨭆鉏鋤也从金御聲魚舉切鋙𨭆或从吾錡鉏鋤也从金奇聲江淮之間謂
釜曰錡魚綺切鍤郭衣鍼也从金臿聲楚洽切鉥綦鍼也从金朮聲食聿切鍼所以縫也从金咸聲臣鉉等曰今俗作針
非是職深切鈹大鍼也一曰劍如刀裝者从金皮聲敷羈切鎩鈹有鐔也从金殺聲所拜切鈕印鼻也从金丑聲女
久切𤣰古文鈕从玉銎斤斧穿也从金巩聲曲恭切鈭鈭錍斧也从金此聲即移切錍鈭錍也从
金卑聲府移切鏨小鑿也从金从斬斬亦聲藏濫切鐫穿木鐫也从金雋聲一曰琢石也讀若瀸子全切鑿穿木
也从金糳省聲在各切銛鍤屬从金舌聲讀若棪桑欽讀若鐮息廉切鈂臿屬从金冘聲直深切⿰金危臿屬
从金危聲一曰瑩鐵也讀若跛行過委切鐅河內謂臿頭金也从金敝聲芳滅切錢銚也古田器从金戔聲詩曰庤乃錢鎛即淺切
又昨先切钁大鉏也从金矍聲居縛切鈐鈐⿰金隋大犂也一曰類耜从金今聲巨淹切⿰金隋鈐⿰金隋也从金隋聲徒果切
鏺兩刃木柄可以刈艸从金發聲讀若撥普活切鉵梠屬从金蟲省聲讀若同徒冬切鉏立薅所用也从金且聲士

[illegible]

魚切 ⿰金罷 相屬从金罷聲讀若嬀彼爲切 鎌 鍥也从金兼聲力鹽切 鍥 鎌也从金契聲苦結切 鉊 大鐵也从金召声鎌謂之鉊張徹說止搖切 銍 穫禾短鎌也从金至聲陟栗切 鎮 博壓也从金眞聲陟刃切 鉆 鐵銸也从金占聲一曰膏車鐵鉆敕淹切 銸 鉆也从金耴聲陟葉切 鉗 以鐵有所劫束也从金甘聲巨淹切 釱 鐵鉗也从金大聲特計切

鋸 槍唐也从金居聲居御切 鐕 可以綴著物者从金朁聲則參切 錐 銳也从金隹聲職追切 鑱 銳也从金毚声士銜切 銳 芒也从金兌聲以芮切 劂 籀文銳从厂剡 鏝 鐵杇也从金曼聲母官切 槾 鏝或从木臣鉉等案木部已有此重出 鑽 所以穿也从金贊聲借官切 鑢 錯銅鐵也从金慮聲良據切 銓 衡也从金全聲此緣切 銖 權十分黍之重也从金朱聲市朱切 鋝 十銖二十五分之十三也从金寽聲周禮曰重三鋝北方以二十兩爲鋝力輟切

鍰 鋝也从金爰聲罰書曰列百鍰戶關切 錙 六銖也从金甾聲側持切 錘 八銖也从金垂聲直垂切 鈞 三十斤也从金勻聲居勻切 銞 古文鈞从旬 鈀 兵車也一曰鐵也司馬法晨夜內鈀車从金巴聲伯加切 鐲 鉦也从金蜀声軍法司馬執鐲直角切 鈴 令丁也从金从令令亦聲郎丁切 鉦 鐃也似鈴柄中上下通从金正聲諸盈切 鐃 小鉦也軍

說十四上　三

法卒長執鐃从金堯聲女交切 鐸 大鈴也軍法五人爲伍五伍爲兩兩司馬執鐸从金睪聲徒洛切 鑮 大鐘淳于之屬所以應鐘磬也堵以二金樂則鼓鑮應之从金薄聲匹各切 鏞 大鐘謂之鏞从金庸聲余封切 鐘 樂鐘也秋分之音物種成从金童聲古者垂作鐘職茸切 銿 鐘或从甬 鈁 方鐘也从金方聲府良切 鎛 鎛鱗也鐘上橫木上金華也一曰田器从金尃聲詩曰庤乃錢鎛補各切 鍠 鐘聲也从金皇聲詩曰鐘鼓鍠鍠乎光切 鎗 鐘聲也从金倉聲楚庚切 鏓 鎗鏓也一曰大鑿平木者从金悤聲倉紅切

錚 金聲也从金爭聲側莖切 鏜 鐘鼓之聲从金堂聲詩曰擊鼓其鏜土郎切 鏧 金聲也从金輕聲讀若春秋傳曰鏧而乘它車苦定切 鐔 劒鼻也从金覃聲徐諧曰劔鼻人握處之下也徐林切 鏌 鏌釾也从金莫聲慕各切 釾 鏌釾也从金牙聲以遮切 鏢 刀削末銅也从金票聲撫招切 鈒 鋋也从金及聲穌合切 鋋 小矛也从金延聲市連切 鈗 侍臣所執兵也从金允聲周書曰一人冕執鈗讀若允余準切 鉈 短矛也从金它聲食遮切 鏦 矛也从金從聲七恭切臣鉉等曰今音楚江切 𨪕 鏦或从彖 錟 長矛也从金炎聲讀若老耼徒甘切 鏠 兵耑也从金逢聲敷容切 錞 矛戟柲下銅鐏也从金𦎫聲詩曰叴矛沃錞徒對切 鐏 柲下銅也从金尊聲徂寸切 鏐 弩眉也一曰黃金之美者从金翏聲力幽切

鍭 矢金鏃翦羽謂之鍭从金矦聲乎鉤切 鏑 矢鏠也从金啻聲都歷切 鎧 甲也从金豈聲苦亥切 釬 臂鎧也从金干聲矦旰切 錏 錏鍜頸鎧也从金亞聲烏牙切 鍜 錏鍜也从金叚聲乎加切 鐧 車軸鐵也从金閒聲古莧切 釭 車轂中鐵也从金工聲古雙切 銴 車樘結也一曰銅生五色也从金折聲讀若誓時制切 釳 乘輿馬頭上防釳插以翟尾鐵翮象角所以防網羅釳去之从金气聲許訖切 鑾 人君乘車四馬鑣八鑾鈴象鸞鳥聲和則敬也从金从鸞省洛官切 鉞 車鑾聲也从金戉聲詩曰鑾聲鉞鉞臣鉉等曰今俗作鐬以鉞作斧戉之戉非是呼會切 鍚 馬頭飾也从金陽聲詩曰鉤膺鏤鍚一曰鍱車輪鐵臣鉉等曰今經典作錫與章切 銜 馬勒口中从金从行銜行馬者也戶監切 鑣 馬銜也从金麃聲補嬌切 䪷 鑣或从角 鉣 組帶鐵也从金劫省聲讀若劫居怯切 鈇 莝斫刀也从金夫聲甫無切 釣 鉤魚也从金勺聲多嘯切 [illegible] 羊箠耑有鐵从金埶聲讀若至脂利切 鋃 鋃鐺瑣也从金良聲魯當切 鐺 鋃鐺也从金當聲都郎切 鋂 大瑣也一環貫二者从金毋聲詩曰盧重鋂莫桮切 鍡 鍡鑸不平也从金畏聲烏賄切 鑸 鍡鑸也从金壘聲洛猥切 鎎 怒戰也从金氣聲春秋傳曰諸侯敵王所鎎許既切 鋪 箸門鋪首也从金甫聲普胡切 鐉 所以鉤門戶樞也一曰治門戶器也从金巽聲此緣切 鈔 叉取也从金少聲臣鉉等曰今

俗別作抄楚交切 錔 以金有所冒也从金沓聲他荅切 銽 斷也从金昏聲古活切 鉻 鬄也从金各聲盧各切 [illegible] 伐擊也从金亶聲旨善切 鏃 利也从金族聲作木切 鈌 刺也从金夬聲於決切 鏉 利也从金欶聲所右切 鐂 殺也徐鍇曰說文無劉字偏旁有之此字又史傳所不見疑此即劉字也从金从丣刀字屈曲傳寫誤作田尔力求切 錉 業也賈人占錉从金昏聲武巾切 鉅 大剛也从金巨聲其呂切 鎕 鎕銻火齊从金唐聲徒郎切 銻 鎕銻也从金弟聲杜兮切 鈋 吪圜也从金化聲五禾切 鐜 下垂也一曰千斤椎从金敦聲都回切 鍒 鐵之耎也从金从柔柔亦聲耳由切 錭 鈍也从金周聲徒刀切 鈍 錭也从金屯聲徒困切 [illegible] 利也从金朩聲讀若齊徂奚切 錗 側意从金委聲女恚切

文一百九十七 重十三

鑺 兵器也从金瞿聲其俱切 銘 記也从金名聲莫經切 鎖 鐵鎖門鍵也从金貨聲穌果切 鈿 金華也从金田聲待季切 釧 臂環也从金川聲尺絹切 釵 笄屬从金叉聲本只作叉此字後人所加楚佳切 釽 裂也从金爪聲普擊切

文七 新附

幵　平也象二干對構上平也凡幵之屬皆从幵　徐鍇曰开但象物平無音義也古賢切

文一

勺　挹取也象形中有實與包同意凡勺之屬皆从勺　之若切

与　賜予也一勺爲与此与與同　余呂切

文二

几　踞几也象形周禮五几玉几雕几彤几髹几素几凡几之屬皆从几　居履切

凭　依几也从几从任周書凭玉几讀若馮　臣鉉等曰人之依馮几所勝載故从任　皮冰切　凥　處也从尸得几而止孝經曰仲尼凥凥謂閒居如此　九魚切　処　止也得几而止从几从夂　昌與切　處　処或从虍聲

文四　重二

且　薦也从几足有二横一其下地也凡且之屬皆从且　子余切又千也切

詹德潤

俎　禮俎也从半肉在且上　側呂切　𧆨　且往也从且豦聲　昨誤切

文三

斤　斫木也象形凡斤之屬皆从斤　舉欣切

斧　斫也从斤父聲　方矩切　斨　方銎斧也从斤爿聲詩曰又缺我斨　七羊切　斫　擊也从斤石聲　之若切

斪　斫也从斤句聲　其俱切　斸　斫也从斤屬聲　陟玉切　斲　斫也从斤㿻㿻器也斤以斲之　竹角切　𣃔　斲或从畫从𠃊

釿　劑斷也从斤金　宜引切　所　伐木聲也从斤戶聲詩曰伐木所所　疏舉切　斯　析也从斤其聲詩曰斧以斯之　息移切　斮　斬也

从斤昔聲　側略切　斷　截也从斤从𢇍𢇍古文絕　徒玩切　𠤡　古文斷从㔾㔾古文叀字周書曰㔾㔾猗無他技　𣃁　亦古文

斲　柯擊也从斤良聲　來可切　新　取木也从斤亲聲　息鄰切　所　二斤也从二斤　語斤切

文十五　重三

斗　十升也象形有柄凡斗之屬皆从斗　當口切

斛　十斗也从斗角聲　胡谷切　斝　玉爵也夏曰琖殷曰斝周曰爵从吅从斗冂象形與爵同意或說斝受六升　古雅切　料　量也从斗

[illegible]

米在其中讀若遼洛蕭切 斞 量也从斗臾聲周禮曰求三斞以主切 斡 蠡柄也从斗倝聲揚雄杜林說皆以爲軺車輪斡烏括切

魁 羹斗也从斗鬼聲苦回切 斠 平斗斛也从斗冓聲古岳切 斟 勺也从斗甚聲職深切 斜 抒也从斗余聲讀若荼似嗟切

㪺 挹也从斗䝿聲舉朱切 𣁋 量物分半也从斗从半半亦聲博幔切 ⿰旁斗 量溢也从斗旁聲普郎切 ⿱䜌斗 杼滿也从斗䜌聲俱願切

斣 相易物俱等爲斣从斗蜀聲昌六切 𣂔 斛旁有𣂔从斗庣聲一曰突也一曰利也尒疋曰庣謂之疀古田器也臣鉉等曰說文無庣字疑厂象形兆聲今俗別作鍫非是土雕切

升 十龠也从斗亦象形識蒸切

文十七

矛 酋矛也建於兵車長二丈象形凡矛之屬皆从矛 莫浮切

𢦏 古文矛从戈 𥎦 矛屬从矛良聲魯當切 𥎧 矛屬从矛害聲苦蓋切 𥎨 矛屬从矛昔聲讀若笮士革切

矜 矛柄也从矛今聲居陵切又巨巾切 𥍯 刺也从矛丑聲女久切

文六　重一

車 輿輪之緫名夏后時奚仲所造象形凡車之屬皆从車 尺遮切

𨏥 籒文車 軒 曲輈藩車从車干聲虛言切 輜 輜軿衣車也从車甾聲側持切 軿 輜車也从車并聲薄丁切

轀 臥車也从車𥁕聲烏魂切 輬 臥車也从車京聲呂張切 軺 小車也从車召聲以招切 輕 輕車也从車巠聲去盈切

輶 輕車也从車酋聲詩曰輶車鑾鑣以周切 輣 兵車也从車朋聲薄庚切 軘 兵車也从車屯聲徒魂切 𨌆 陷敶車也从車童聲尺容切

轈 兵高車加巢以望敵也从車巢聲春秋傳曰楚子登轈車鉏交切 輿 車輿也从車舁聲以諸切 輯 車和輯也从車咠聲秦入切

幔 衣車蓋也从車曼聲莫半切 軓 車軾前也从車凡聲周禮曰立當前軓音範 軾 車前也从車式聲賞職切

輅 車軨前橫木也从車各聲臣鉉等曰各非聲當从路省洛故切 較 車騎上曲銅也从車爻聲古岳切 𨊻 車耳反出也从車从反反亦聲府遠切

轛 車橫軨也从車對聲周禮曰參分軹圍去一以爲轛圍追萃切 輢 車旁也从車奇聲於綺切 輒 車兩輢也从車耴聲陟葉切

𨋩 車約𨋩也从車川聲周禮曰孤乘夏𨋩一曰下棺車曰𨋩敕倫切 轖 車籍交錯也从車嗇聲所力切

軨 車轖間橫木从車令聲郎丁切 𨏳 軨或从霝司馬相如說 輑 軺車前橫木也从車君聲讀若帬又讀若褌牛尹切

軫 車後橫木也从車㐱聲之忍切
轐 車伏兔也从車菐聲周禮曰加軫與轐焉博木切
⿰車𤕦 車伏兔下革也从車𤕦聲𤕦古昏字讀若閔眉殞切
軸 持輪也从車由聲徐鍇曰當从胄省直六切
輹 車軸縛也从車复聲易曰輿脫輹芳六切
軔 礙車也从車刃聲而振切
輮 車輮規也一曰一輪車从車柔聲人九切
𨏈 車輮規也从車熒省聲讀若煢渠營切
轂 輻所湊也从車𣪊聲古祿切
輥 轂齊等皃从車昆聲周禮曰望其轂欲其輥古本切
軝 長轂之軝也以朱約之从車氏聲詩曰約軝錯衡渠支切
𩊚 軝或从革
軹 車輪小穿也从車只聲諸氏切
軎 車軸耑也从車象形杜林說徐鍇曰指事于歲切
轊 軎或从彗
輻 輪轑也从車畐聲方六切
轑 蓋弓也一曰輻也从車尞聲盧皓切
軑 車輨也从車大聲特計切
輨 轂耑沓也从車官聲古滿切
轅 輈也从車袁聲雨元切
輈 轅也从車舟聲張流切
𨏵 籒文輈
輂 直轅車轒也从車具聲居玉切
軏 車轅耑持衡者从車元聲魚厥切
軶 轅前也从車戹聲於革切
⿰車軍 軶軥也从車軍聲乎昆切
軥 軶下曲者从車句聲古候切
轙 車衡載轡者从車義聲魚綺切
钀 轙或从金从獻
軜 驂馬內轡繫軾前者从車內聲詩曰𣫶以觼軜奴荅切
⿴行車 車搖也从車从行一曰衍省聲古絢切
⿸厂車 軺車後登也从車丞聲讀若易抍馬之抍署陵切
載 乘也从車𢦏聲作代切
軍 圜圍也四千人爲軍从車从包省軍兵車也舉云切
軷 出將有事於道必先告其神立壇四通樹茅以依神爲軷既祭軷轢於牲而行爲範軷詩曰取羝以軷从車犮聲蒲撥切
範 範軷也从車笵省聲讀與犯同音犯
䡿 載高皃从車巘省聲五葛切
轄 車聲也从車害聲一曰轄鍵也胡八切
轉 運也从車專聲知戀切
輸 委輸也从車俞聲式朱切
輖 重也从車周聲職流切
輩 若軍發車百兩爲輩从車非聲補妹切
軋 輾也从車乙聲烏轄切
輾 轢也从車㞋聲尼展切
轢 車所踐也从車樂聲歷各切
軌 車徹也从車九聲居洧切
𨋩 車迹也从車從省聲臣鉉等曰今俗別作蹤非是即容切
軼 車相出也从車失聲夷質切
䡩 車䡩鉉也从車眞聲讀若論語鏗尒舍瑟而作又讀若堅苦閑切
𨍾 抵也从車埶聲陟利切
軭 車戾也从車匡聲巨王切
輟 車小缺復合者从車叕聲臣鉉等案网部輟與罬同此重出陟劣切
⿰車多 礙也从車多聲康禮切
轚 車轄相擊也从車从毄毄亦聲周禮曰舟輿擊互者古歷切
⿱算車 治車軸也从車算聲所眷切
軻 接軸車也从車可聲康我切
⿱殸車 車堅也从車殸聲口莖切
軵 反推車令有所付也从車从付讀若茸而隴切
輪 有輻曰輪無輻曰輇从車侖聲力屯切
輇 蕃車下庳輪也一曰無輻也从車全聲讀若饌市專切
輗 大車轅耑持衡者从車兒聲五雞切
⿰車宐 輗或从宐
棿 輗或从木
軧 大車後也从車氏聲丁礼切

轃大車簀也从車秦聲讀若臻側詵切　轒淮陽名車穹隆轒从車賁聲符分切　䡝大車後壓也从車宛聲於云切
輂大車駕馬也从車共聲居玉切　𨏥連車也一曰却車抵堂爲𨏥从車差省聲讀若遅士皆切　輦輓車也从車从㚘在
車前引之力展切　輓引之也从車免聲無遠切　軖紡車也一曰一輪車从車㞷聲讀若狂巨王切　轘車裂人也从車
瞏聲春秋傳曰轘諸栗門臣鉉等曰瞏渠營切非聲當从還省胡慣切　斬截也从車从斤斬法車裂也側減切　輀喪車也从
車而聲如之切　輔人頰車也从車甫聲扶雨切　轟羣車聲也从三車呼宏切　文九十九　重八

轏車名从車孱聲士限切　轔車聲从車粦聲力珍切　轍車迹也从車徹省聲本通用徹後人所加直列切
文三　新附

𠂤小𠂤也象形凡𠂤之屬皆从𠂤臣鉉等曰今俗作堆都回切
𡴎危高也从𠂤屮聲讀若臬魚列切　官吏事君也从宀从𠂤𠂤猶衆也此與師同意古丸切
文三

說文解字第十四上

說文解字弟十四下

漢太尉祭酒許氏記

銀青光祿大夫守右散騎常侍上柱國東海縣開國子食邑五百戶臣徐鉉等奉

敕校定

𠂤 大陸山無石者象形凡𠂤之屬皆从𠂤 房九切
𨸏 古文 陵 大𠂤也从𠂤夌聲力膺切 𨹑 大𠂤也从𠂤鯀聲胡本切 阞 地理也从𠂤力聲盧則切 陰 闇也
水之南山之北也从𠂤侌聲於今切 陽 高明也从𠂤昜聲與章切 陸 高平地从𠂤从坴坴亦聲力竹切 𨺻 籒文陸 阿
大陵也一曰曲𠂤也从𠂤可聲烏何切 陂 阪也一曰沱也从𠂤皮聲彼爲切 阪 坡者曰阪一曰澤障一曰山脅也从𠂤反聲府遠切
陬 阪隅也从𠂤取聲子侯切 隅 陬也从𠂤禺聲噳俱切 險 阻難也从𠂤僉聲虛檢切 限 阻也一曰門榍从𠂤
艮聲乎簡切 阻 險也从𠂤且聲側呂切 陮 陮隗高也从𠂤隹聲都辠切 隗 陮隗也从𠂤鬼聲五辠切 高也
一曰石也从𠂤允聲余準切 陗 陖也从𠂤肖聲七笑切 陖 陗高也从𠂤夋聲私閏切

隥 仰也从𠂤登聲都鄧切 陋 阸陜也从𠂤㔷聲盧候切 陜 隘也从𠂤夾聲臣鉉等曰今俗从山非是侯夾切 陟
登也从𠂤从步竹力切 𨺅 古文陟 陷 高下也一曰陊也从𠂤从臽臽亦聲戶猎切 隰 阪下溼也从𠂤㬎聲似入切
𨸹 敧也从𠂤區聲臣鉉等曰今俗作崎嶇非是豈俱切 隤 下隊也从𠂤貴聲杜回切 隊 從高隊也从𠂤㒸聲徒對切 降
下也从𠂤夅聲古巷切 隕 從高下也从𠂤員聲易曰有隕自天于敏切 隉 危也从𠂤从毀省徐巡以爲
隉凶也賈侍中說隉法度也班固說不安也周書曰邦之阢隉讀若虹蜺之蜺五結切 阤 小崩也从𠂤也聲丈尒切 隓 敗城𠂤曰隓从𠂤𡏳聲臣
鉉等曰說文無𡏳字蓋二左也眾力左之故从二左今俗作隳非是許規切 𡐦 篆文 ⿰阝頃 仄也从𠂤从頃頃亦聲去營切 陊 落也从𠂤多聲臣鉉等曰今俗
作墮非是徒果切 阬 閬也从𠂤亢聲客庚切臣鉉等曰今俗作坑非是 𨽐 通溝也从𠂤𧶠聲讀若瀆徒谷切 𡑋 古文𨽐从
谷 防 隄也从𠂤方聲符方切 埅 防或从土 隄 唐也从𠂤是聲都兮切 阯 基也从𠂤止聲諸市切 址 阯或
从土 陘 山絕坎也从𠂤巠聲戶經切 附 附婁小土山也从𠂤付聲春秋傳曰附婁無松柏符又切 阺 秦謂陵阪曰阺从𠂤
氏聲丁禮切 阢 石山戴土也从𠂤从兀兀亦聲五忽切 隒 崖也从𠂤兼聲讀若儼魚檢切 阸 塞也从𠂤厄聲於革切 隔

障也从𨸏鬲聲古覈切
障　隔也从𨸏章聲之亮切
隱　蔽也从𨸏㥯聲於謹切
隩　水隈崖也从𨸏奧聲烏到切
隈　水曲隩也从𨸏畏聲烏恢切
𨹎　𨸏商小塊也从𨸏从臾臣鉉等曰臾古文蕢字去衍切
𨼌　水衡官谷也从𨸏解聲一曰小谿胡買切
隴　天水大阪也从𨸏龍聲力鍾切
𨸲　酒泉天依阪也从𨸏衣聲於希切
陜　弘農陜也古虢國王季之子所封也从𨸏夾聲失冉切
𨺿　弘農陜東陬也从𨸏無聲武扶切
𨻵　河東安邑陬也从𨸏卷聲居遠切
陭　上黨陭氏阪也从𨸏奇聲於离切
隃　北陵西隃鴈門是也从𨸏俞聲傷遇切
阮　代郡五阮關也从𨸏元聲虞遠切
𨹎　大𨸏也一曰右扶風郿有𨹎𨸏从𨸏告聲苦沃切
陚　丘名从𨸏武聲方遇切
𨻐　丘名从𨸏貞聲陟盈切
阝丁　丘名从𨸏丁聲讀若丁當經切
𨻔　鄭地阪从𨸏爲聲春秋傳曰將會鄭伯于𨻔許爲切
陼　如渚者陼丘水中高者也从𨸏者聲當古切
陳　宛丘舜後嬀滿之所封从𨸏从木申聲臣鉉等曰陳者大昊之虛畫八卦之所木德之始故从木直珍切
𨸹　古文陳
陶　再成丘也在濟陰从𨸏匋聲夏書曰東至于陶丘陶丘有堯城堯嘗所居故堯號陶唐氏徒刀切
𨹹　耕以臿浚出下壚土也一曰耕休田也从𨸏从土召聲之少切
阽　壁危也从𨸏占聲余廉切
除　殿陛也从𨸏余聲直魚切
階　陛也从𨸏皆聲古諧切
阼　主階也从𨸏乍聲昨誤切
陛　升高階也从𨸏坒聲旁禮切
陔　階次也从𨸏亥聲古哀切
際　壁會也从𨸏祭聲子例切
隙　壁際孔也从𨸏从㡿㡿亦聲綺戟切
陪　重土也一曰滿也从𨸏咅聲薄回切
㒸　道邊庳垣也从𨸏彖聲徒玩切
陾　築牆聲也从𨸏耎聲詩云捄之陾陾如乘切
隍　城池也有水曰池無水曰隍从𨸏皇聲易曰城復于隍乎光切
阹　依山谷爲牛馬圈也从𨸏去聲去魚切
陲　危也从𨸏垂聲是爲切
隖　小障也一曰庳城也从𨸏烏聲安古切
院　堅也从𨸏完聲臣鉉等按宀部已有此重出王眷切
陯　山𨸏陷也从𨸏侖聲盧昆切
陙　水𨸏也从𨸏辰聲食倫切
𨺗　水𨸏也从𨸏戔聲慈衍切

文九十二　重九

阠　稜名从𨸏卂聲所臻切
阡　路東西爲陌南北爲阡从𨸏千聲倉先切

文二　新附

𨸐　兩𨸏之間也从二𨸏凡𨸐之屬皆从𨸐房九切
𨺍　𨸐突也从𨸐決省聲於決切
𨽹　陋也从𨸐𦐇聲𦐇籒文嗌字烏懈切
隘　籒文𨽹从𨸏益
𨽻　塞上亭守逢火者从𨸐从火遂聲徐醉切
隧　篆文省

文四　重二

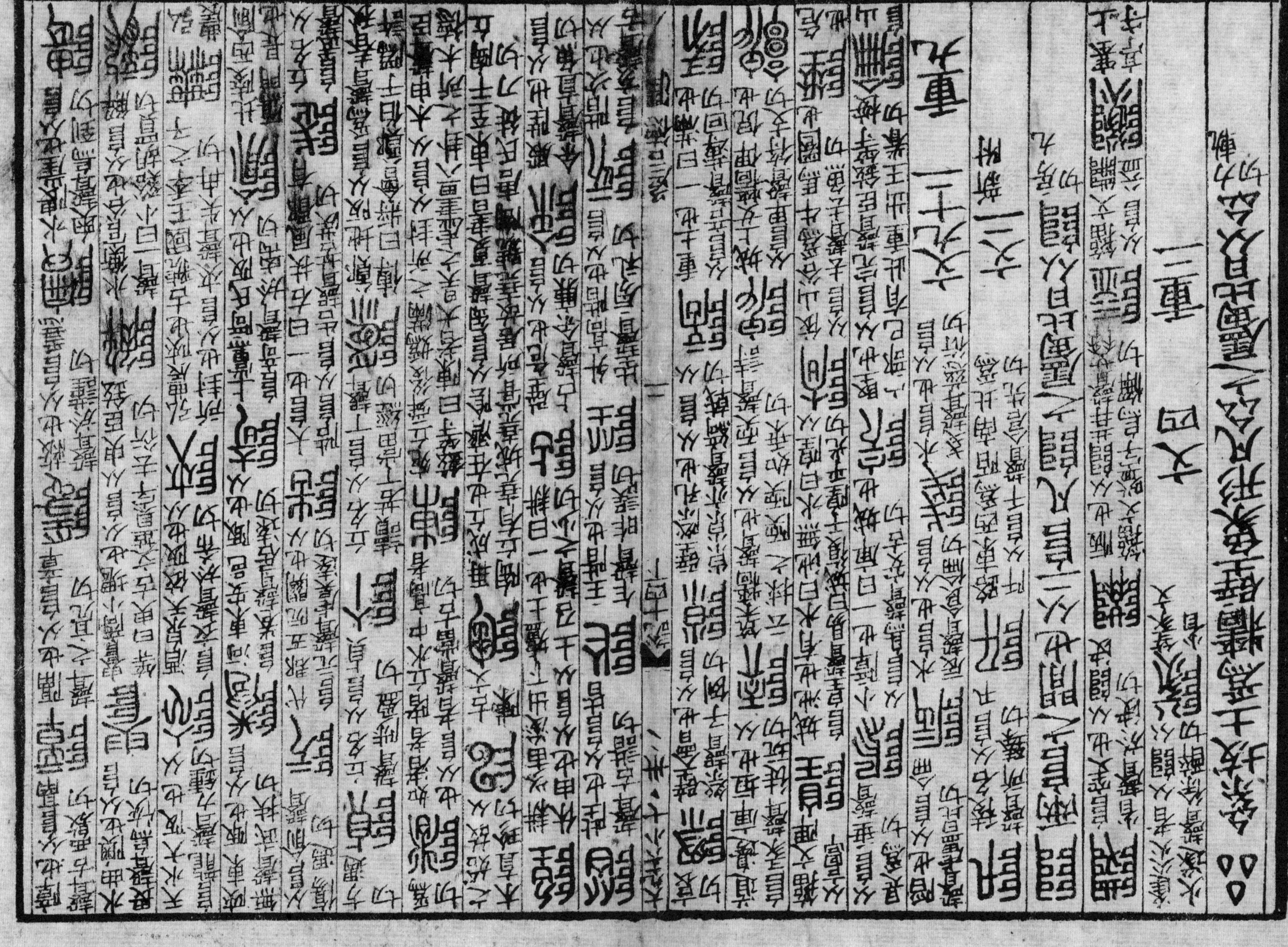

厽　絫坺土爲牆壁象形凡厽之屬皆从厽力軌切

[illegible]

絫 增也从厽从糸絫十黍之重也力軌切 垒 絫墼也从厽从土力軌切 文三

四 陰數也象四分之形凡四之屬皆从四 息利切

𠦃 古文四 亖 籀文四 文一 重二

宁 辨積物也象形凡宁之屬皆从宁 直呂切

㽙 䈥也所以載盛米从宁从甾甾缶也陟呂切 文二

叕 綴聯也象形凡叕之屬皆从叕 陟劣切

綴 合箸也从叕从糸陟衛切 文二

亞 醜也象人局背之形賈侍中說以為次弟也凡亞之屬皆从亞 衣駕切

䢽 闕 衣駕切 文二

五 五行也从二陰陽在天地閒交午也凡五之屬皆从五 臣鉉等曰二天地也疑古切

㐅 古文五省 文一 重一

六 易之數陰變於六正於八从入从八凡六之屬皆从六 力竹切 文一

七 陽之正也从一微陰从中衺出也凡七之屬皆从七 親吉切 文一

九 陽之變也象其屈曲究盡之形凡九之屬皆从九 舉有切

馗 九達道也似龜背故謂之馗馗高也从九从首渠追切 逵 馗或从辵从坴 文二 重一

禸 獸足蹂地也象形九聲尔疋曰狐貍貛貉醜其足蹞其迹厹凡厹之屬皆从厹 人九切

蹂 篆文从足柔聲

禽 走獸總名从厹象形今聲禽离兕頭相似 巨今切

离 山神獸也从禽頭从厹从屮歐陽喬說离猛獸也 臣鉉等曰从屮義無所取疑象形 呂支切

萬 蟲也从厹象形 無販切

禹 蟲也从厹象形 王矩切

𠃹 古文禹

𥝘 周成王時州靡國獻𥝘人身反踵自笑笑即上脣掩其目食人北方謂之土螻尔疋云𥝘𥝘如人被髮一名梟陽从厹象形 符未切

禼 蟲也从厹象形讀與偰同 私列切

𥜺 古文禼

文七　重三

嘼 犍也象耳頭足厹地之形古文嘼下从厹凡嘼之屬皆从嘼 許救切

獸 守備者从嘼从犬 舒救切

文二

甲 東方之孟陽气萌動从木戴孚甲之象一曰人頭宐為甲甲象人頭凡甲之屬皆从甲 古狎切

𠇚 古文甲始於十見於千成於木之象

文一　重一

乙 象春艸木冤曲而出陰气尚彊其出乙乙也與丨同意乙承甲象人頸凡乙之屬皆从乙 於筆切

乾 上出也从乙乙物之達也倝聲 渠焉切又古寒切

亁 籀文乾

亂 治也从乙乙治之也从𤔔 郎段切

尤 異也从乙又聲 徐鍇曰乙欲出而見閡見閡則顯其尤異也 羽求切

文四　重一

丙 位南方萬物成炳然陰气初起陽气將虧从一入冂一者陽也丙承乙象人肩凡丙之屬皆从丙 徐鍇曰陽功成入於冂冂門也天地陰陽之門也 兵永切

文一

丁 夏時萬物皆丁實象形丁承丙象人心凡丁之屬

[illegible]

三重 [illegible] 文 [illegible]

[illegible]

一重 [illegible] 文 [illegible]

[illegible]

一重 [illegible] 四 [illegible]

[illegible]

皆从丁 當經切 文一

戊 中宮也象六甲五龍相拘絞也戊承丁象人脅凡戊之屬皆从戊 莫候切

成 就也从戊丁聲 氏征切 𢦩 古文成从午 徐鍇曰戊中宮成於中也 文二 重一

己 中宮也象萬物辟藏詘形也己承戊象人腹凡己之屬皆从己 居擬切

古文己 巹 謹身有所承也从己丞讀若詩云赤舄己己 居隱切 𢀳 長踞也从己其聲讀若杞 暨己切 文三 重一

巴 蟲也或曰食象蛇象形凡巴之屬皆从巴 伯加切 徐鍇曰一所吞也指事

𢀶 撼擊也从巴帚闕 博下切 文二

庚 位西方象秋時萬物庚庚有實也庚承己象人齎凡庚之屬皆从庚 古行切 文一

辛 秋時萬物成而孰金剛味辛辛痛即泣出从一从辛辛辠也辛承庚象人股凡辛之屬皆从辛 息鄰切

辠 犯法也从辛从自言辠人蹙鼻苦辛之憂秦以辠似皇字改為罪 臣鉉等曰自古者以為鼻字故从自 徂賄切 辜 辠也从辛古聲 古乎切 𡰪 古文辜从死

辥 辠也从辛𡰪聲 私列切 辭 訟也从𤔔𤔔猶理辜也𤔔理也 似茲切 𤕰 籒文辭从司 辤 不受也从辛从受受辛宜辤之 似茲切 𤕤 籒文辤从台 文六 重三

辡 辠人相與訟也从二辛凡辡之屬皆从辡 方免切

辯 治也从言在辡之間 符蹇切 文二

壬 位北方也陰極陽生故易曰龍戰于野戰者接也

[illegible] 文二

[illegible]

[illegible] 文六 重二

[illegible]

[illegible]

[illegible] 文一

[illegible] 文二

[illegible] 文三 重一

[illegible]

[illegible] 文三 重一

[illegible]

[illegible] 文一

象人褢妊之形承亥壬以子生之敘也與巫同意
壬承辛象人脛脛任體也凡壬之屬皆从壬如林切 文一

癸冬時水土平可揆度也象水從四方流入地中之形
癸承壬象人足凡癸之屬皆从癸居誄切
𥎊籒文从癶从矢
文一 重一

子十一月陽气動萬物滋入以爲偁象形凡子之屬
皆从子李陽冰曰子在襁緥中足併也即里切
𢀈古文子从巛象髮也 𢀇籒文子囟有髮臂脛在几上也 孕褢子也从子从几徐鍇曰取象於褢妊也以證切 娩
生子免身也从子从免徐鍇曰說文無免字疑此字从𧠒省以免身之義通用爲解免之免晚冕之類皆當从娩省芳萬切臣鉉等曰今俗作亡辯切 字
乳也从子在宀下子亦聲疾置切 㝅乳也从子㱿聲一曰㝅瞀也古候切 孿一乳兩子也从子䜌聲生患切 孺乳子也一曰輸
也輸尚小也从子需聲而遇切 季少偁也从子从稚省稚亦聲居悸切 孟長也从子皿聲莫更切 𠐁古文孟 孽
庶子也从子辥聲魚列切 孳汲汲生也从子茲聲子之切 𦊁籒文孳从絲 孤無父也从子瓜聲古乎切 存
恤問也从子才聲徂尊切 疑惑也从子止匕矢聲徐鍇曰止不通也𠤕古矢字反匕之幼子多惑也語其切
文十五 重四

了尦也从子無臂象形凡了之屬皆从了盧鳥切
孑無右臂也从了乚象形居桀切 孓無左臂也从了丿象形居月切
文三

孨謹也从三子凡孨之屬皆从孨讀若翦旨兖切
孱迮也一曰呻吟也从孨在尸下臣鉉等曰尸者屋也士連切 孴盛皃从孨从日讀若薿薿一曰若存魚紀切 𦥛
籒文孴从二子一曰𦥛即奇字𡦟
文三 重一

𠫓不順忽出也从到子易曰突如其來如不孝子

𠫓出不容於内也凡𠫓之屬皆从𠫓 他骨切

𠫓 或从到古文子即易突字 育 養子使作善也从𠫓肉聲虞書曰教育子 徐鍇曰云不順子也不順子亦教之況順者乎 余六切

毓 育或从每 疏 通也从𠫓从疋疋亦聲 所菹切 文三 重二

丑 紐也十二月萬物動用事象手之形時加丑亦舉手時也凡丑之屬皆从丑 敕九切

𦛜 食肉也从丑从肉 女久切 羞 進獻也从羊羊所進也从丑丑亦聲 息流切 文三

寅 髕也正月陽气動去黃泉欲上出陰尚彊象宀不達髕寅於下也凡寅之屬皆从寅 徐鍇曰髕斥之意人陽气銳而出上閡於宀臼所以擯之也 弋真切

𠑹 古文寅 文一 重一

卯 冒也二月萬物冒地而出象開門之形故二月爲天門凡卯之屬皆从卯 莫飽切

𠨐 古文卯 文一 重一

辰 震也三月陽气動靁電振民農時也物皆生从乙匕象芒達厂聲也辰房星天時也从二二古文上字凡辰之屬皆从辰 徐鍇曰匕音化乙艸木萌初出曲卷也臣鉉等曰三月陽气盛艸木生上徹於土故从匕厂非聲疑亦象物之出 植鄰切

𨑃 古文辰 辱 恥也从寸在辰下失耕時於封畺上戮之也辰者農之時也故房星爲辰田候也 而蜀切 文二 重一

巳 巳也四月陽气巳出陰气巳藏萬物見成文章故巳爲蛇象形凡巳之屬皆从巳 詳里切

㠯 用也从反巳賈侍中說巳意巳實也象形 羊止切 文二

午 啎也五月陰气午逆陽冒地而出此予矢同意

凡午之屬皆从午 疑古切

啎 逆也从午吾聲 五故切 文二

未 味也六月滋味也五行木老於未象木重枝葉也

凡未之屬皆从未 無沸切 文一

申 神也七月陰气成體自申束从臼自持也吏臣餔

時聽事申旦政也凡申之屬皆从申 失人切

𢁩 古文申 𦥔 籀文申 朄 擊小鼓引樂聲也从申柬聲 羊晉切 臾 束縛捽抴爲臾从申从乙臣鉉等曰乙屈

也 羊朱切 曳 臾曳也从申丿聲 余制切 文四 重二

酉 就也八月黍成可爲酎酒象古文酉之形凡酉

之屬皆从酉 與久切

丣 古文酉从卯卯爲春門萬物已出丣爲秋門萬物已入一閉門象也 酒 就也所以就人性之善惡从水从酉酉亦聲一曰造也吉凶所造也

古者儀狄作酒醪禹嘗之而美遂疏儀狄杜康作秫酒 子酉切 𨡕 麴生衣也从酉冢聲 莫紅切 𨡴 孰麴也从酉甚聲 余箴切 釀 醖

也作酒曰釀从酉襄聲 女亮切 醖 釀也从酉昷聲 於問切 𨢦 酒疾孰也从酉弁聲 芳萬切 酴 酒母也从酉余聲讀若廬

同都切 釃 下酒也一曰醇也从酉麗聲 所綺切 䣺 醽酒也从酉肙聲 古玄切 𨣊 酢也从酉鬲聲 郎擊切 醴 酒一

宿孰也从酉豊聲 盧啓切 醪 汁滓酒也从酉翏聲 魯刀切 醇 不澆酒也从酉𦎫聲 常倫切 醹 厚酒也从酉需聲詩曰酒

醴惟醹 而主切 酎 三重醇酒也从酉从時省明堂月令曰孟秋天子飲酎 除柳切 醠 濁酒也从酉盎聲 烏浪切 醲 厚酒

也从酉農聲 女容切 䤇 酒也从酉茸聲 而容切 酤 一宿酒也一曰買酒也从酉古聲 古乎切 [illegible] 酒也从酉[illegible]省

涉离切 𨣨 泛齊行酒也从酉監聲 盧瞰切 䤍 酒味淫也从酉竷省聲讀若春秋傳曰美而豔 古禫切 酷 酒厚味也

酋之屬皆从酋字秋切

䔿酒器也从酋廾以奉之周禮六尊犧尊象尊著尊壺尊太尊山尊以待祭祀賓客之禮祖昆切 尊尊或从寸臣鉉等曰今俗以尊作尊卑之尊別作罇非是

文二　重一

戌滅也九月陽气微萬物畢成陽下入地也五行土生於戊盛於戌从戊含一凡戌之屬皆从戌辛聿切

文一

亥荄也十月微陽起接盛陰从二二古文上字一人男一人女也从乙象裹子咳咳之形春秋傳曰亥有二首六身凡亥之屬皆从亥胡改切

𠀅古文亥爲豕與豕同亥而生子復從一起

文一　重一

末

說文解字弟十四下

說文解字第十五上　　漢太尉祭酒許慎記

銀青光祿大夫守右散騎常侍上柱國東海縣開國子食邑五百戶臣徐鉉等奉

勅校定

古者庖犧氏之王天下也仰則觀象於天俯則觀法於地視鳥獸之文與地之宜近取諸身遠取諸物於是始作易八卦以垂憲象及神農氏結繩爲治而統其事庶業其緐飾僞萌生黃帝之史倉頡見鳥獸蹏迒之迹知分理之可相别異也初造書契百工以乂萬品以察蓋取諸夬夬揚于王庭言文者宣教明化於王者朝廷君子所以施祿及下居德則忌也倉頡

之初作書蓋依類象形故謂之文其後形聲相益即謂之字字者言孳乳而浸多也著於竹帛謂之書書者如也以迄五帝三王之世改易殊體封于泰山者七十有二代靡有同焉周禮八歲入小學保氏教國子先以六書一曰指事指事者視而可識察而可見上下是也二曰象形象形者畫成其物隨體詰詘日月是也三曰形聲形聲者以事爲名取譬相成江河是也四曰會意會意者比類合誼以見指撝武信是也五曰轉注轉注者建類一首同意相受考老是也六曰假借假借者本無其字依聲託事令長是也及

[illegible]

宣王太史籒著大篆十五篇，與古文或異。至孔子書六經，左丘明述春秋傳，皆以古文，厥意可得而說。其後諸侯力政，不統於王，惡禮樂之害己，而皆去其典籍。分爲七國，田疇異畮，車涂異軌，律令異法，衣冠異制，言語異聲，文字異形。秦始皇帝初兼天下，丞相李斯乃奏同之，罷其不與秦文合者。斯作倉頡篇，中車府令趙高作爰歷篇，太史令胡毋敬作博學篇，皆取史籒大篆，或頗省改，所謂小篆者也。是時秦燒滅經書，滌除舊典，大發隸卒，興役戍，官獄職務繁，初有隸書，以趣約易，而古文由此絕矣。徐鍇曰：王僧虔云：秦獄吏程邈善大篆，得皋繫雲陽獄，增減大篆，去其繁複。始皇善之，出爲御史，名其書曰隸書。班固云：謂施之於徒隸也。即今之隸書，而無點畫俯仰之勢。自爾秦書有八體：一曰大篆，二曰小篆，三曰刻符，四曰蟲書，徐鍇曰：案漢書注：蟲書即鳥書，以書幡信，首象鳥形，即下云鳥蟲是也。五曰摹印，蕭子良以刻符摹印合爲一體。徐鍇以爲符者竹而中剖之，字形半分，理應別爲一體；摹印屈曲填密，則秦璽文也。子良誤合之。六曰署書，蕭子良云：署書，漢高六年蕭何所定，以題蒼龍、白虎二闕。羊欣云：何覃思累月，然後題之。七曰殳書，徐鍇曰：書於殳也。殳體八觚，隨其勢而書之。八曰隸書。漢興有艸書。徐鍇曰：案書傳多云張竝作艸，又云齊相杜探作，據說文則張竝之前已有矣。蕭子良云：藁書者，董仲舒欲言災異，藁草未上，即爲藁書。藁者，艸之初也。史記上官奪屈原藁艸，今云漢興有艸，知所言藁艸是創艸，非艸書也。尉律：徐鍇曰：尉律，漢律篇名。學僮十七已上始試，諷籒書九千字，乃得爲史。又以八體試之。郡移太史并課，最者以爲尚書史。書或不正，輒舉劾之。今雖有尉律，不課，小學不修，莫達其說久矣。

孝宣時召通倉頡讀者張敞從受之涼州刺史杜業
沛人爰禮講學大夫秦近亦能言之孝平時徵禮等
百餘人令說文字未央廷中以禮爲小學元士黄門
侍郎楊雄采以作訓纂篇凡倉頡已下十四篇凡五
千三百四十字羣書所載略存之矣及亡新居攝使
大司空甄豐等校文書之部自以爲應制作頗改定
古文時有六書一曰古文孔子壁中書也二曰奇字即
古文而異者也三曰篆書即小篆秦始皇帝使下杜
人程之所作也徐鍇曰李斯雖改史篇爲秦篆而程邈復同作也四曰佐書即秦隸書
五曰繆篆所以摹印也六曰鳥蟲書所以書幡信也

壁中書者魯恭王壞孔子宅而得禮記尚書春秋論
語孝經又北平矦張蒼獻春秋左氏傳郡國亦往往
於山川得鼎彝其銘即前代之古文皆自相似雖叵
復見遠流其詳可得略說也而世人大共非訾以爲
好奇者也故詭更正文鄉壁虛造不可知之書變亂
常行以燿於世諸生競說字解經誼稱秦之隸書爲
倉頡時書云父子相傳何得改易乃猥曰馬頭人爲
長人持十爲斗虫者屈中也廷尉說律至以字斷法
苛人受錢苛之字止句也若此者甚衆皆不合孔氏
古文謬於史籀俗儒啚夫翫其所習蔽所希聞不見

通學未嘗覩字例之條怪舊埶而善野言以其所知爲祕妙究洞聖人之微恉又見倉頡篇中幼子承詔因號古帝之所作也其辭有神僊之術焉其迷誤不諭豈不悖哉書曰予欲觀古人之象言必遵修舊文而不穿鑿孔子曰吾猶及史之闕文今亡也夫蓋非其不知而不問人用已私是非無正巧說衺辭使天下學者疑蓋文字者經藝之本王政之始前人所以垂後後人所以識古故曰本立而道生知天下之至嘖而不可亂也今敘篆文合以古籀博采通人至于小大信而有證稽譔其說將以理羣類解謬誤曉學者

達神恉徐鍇曰恉即意旨字古多通用分別部居不相雜廁徐鍇曰分部相從自許始也萬物咸覩靡不兼載厥誼不昭爰明以諭其偁易孟氏書孔氏詩毛氏禮周官春秋左氏論語孝經皆古文也其於所不知蓋闕如也

說文解字弟一

一 一部 丄 二部 示 三部 三 四部 王 五部 玉 六部

玨 七部 气 八部 士 九部 丨 十部 屮 十一部 艸 十二部

蓐 十三部 茻 十四部

說文解字弟二

小 十五部 八 十六部 釆 十七部 半 十八部 牛 十九部 犛 二十部

告部二十一 口部二十二 凵部二十三 吅部二十四 哭部二十五 走部二十六
止部二十七 癶部二十八 步部二十九 此部三十 正部三十一 是部三十二
辵部三十三 彳部三十四 廴部三十五 㢟部三十六 行部三十七 齒部三十八
牙部三十九 足部四十 疋部四十一 品部四十二 龠部四十三 冊部四十四

說文解字弟三

㗊部四十五 舌部四十六 干部四十七 𧮫部四十八 只部四十九 㕯部五十
句部五十一 丩部五十二 古部五十三 十部五十四 卅部五十五 言部五十六
誩部五十七 音部五十八 䇂部五十九 丵部六十 菐部六十一 𠬞部六十二
𠬜部六十三 共部六十四 異部六十五 舁部六十六 𦥑部六十七 䢅部六十八
爨部六十九 革部七十 鬲部七十一 䰜部七十二 爪部七十三 丮部七十四

鬥部七十五 又部七十六 𠂇部七十七 史部七十八 支部七十九 𦘒部八十
聿部八十一 畫部八十二 隶部八十三 臤部八十四 臣部八十五 殳部八十六
殺部八十七 几部八十八 寸部八十九 皮部九十 㼱部九十一 攴部九十二
教部九十三 卜部九十四 用部九十五 爻部九十六 㸚部九十七

說文解字弟四

旻部九十八 目部九十九 䀠部一百 眉部百一 盾部百二 自部百三
白部一百四 鼻部一百五 皕部一百六 習部一百七 羽部一百八 隹部一百九
奞部一百十 萑部一百十一 𦫳部一百十二 𥄕部一百十三 羊部一百十四 羴部一百十五
瞿部一百十六 雔部一百十七 雥部一百十八 鳥部一百十九 烏部一百二十 𠦒部一百二十一
冓部一百二十二 幺部一百二十三 𢆶部一百二十四 叀部一百二十五 玄部一百二十六 予部一百二十七

告 口 凵 吅 哭 走
止 癶 步 此 正 是
辵 彳 廴 㢟 行 齒
牙 足 疋 品 龠 冊

說文解字弟三

㗊 舌 干 𧮫 只 㕯
句 丩 古 十 卅 言
誩 音 䇂 丵 菐 𠬞
𠬜 共 異 舁 𦥑 䢅
爨 革 鬲 䰜 爪 丮
鬥 又 𠂇 史 支 𦘒
聿 畫 隶 臤 臣 殳
殺 𠘧 寸 皮 㼱 攴
教 卜 用 爻 㸚

說文解字弟四

𡕥 目 䀠 眉 盾 自
白 鼻 皕 習 羽 隹
奞 萑 𥫅 𢆉 羊 羴
瞿 雔 雥 鳥 烏 𠦒
冓 幺 𢆶 叀 玄 予

放部百二十八 𠬪部百二十九 𣦼部百三十 歺部百三十一 死部百三十二 冎部百三十三
骨部百三十四 肉部百三十五 筋部百三十六 刀部百三十七 刃部百三十八 㓞部百三十九
丯部百四十 耒部百四十一 角部百四十二

說文解字弟五

竹部百四十三 箕部百四十四 丌部百四十五 左部百四十六 工部百四十七 㠭部百四十八
巫部百四十九 甘部百五十 曰部百五十一 乃部百五十二 丂部百五十三 可部百五十四
兮部百五十五 号部百五十六 亏部百五十七 旨部百五十八 喜部百五十九 壴部百六十
鼓部百六十一 豈部百六十二 豆部百六十三 豊部百六十四 豐部百六十五 䖒部百六十六
虍部百六十七 虎部百六十八 虤部百六十九 皿部百七十 𠙴部百七十一 去部百七十二
血部百七十三 丶部百七十四 丹部百七十五 青部百七十六 井部百七十七 皀部百七十八
鬯部百七十九 食部百八十 亼部百八十一 會部百八十二 倉部百八十三 入部百八十四
缶部百八十五 矢部百八十六 高部百八十七 冂部百八十八 𩫖部百八十九 京部百九十
亯部百九十一 㫗部百九十二 畐部百九十三 㐭部百九十四 嗇部百九十五 來部百九十六
麥部百九十七 夊部百九十八 舛部百九十九 舜部二百 韋部二百一 弟部二百二
夂部二百三 久部二百四 桀部二百五

說文解字弟六

木部二百六 東部二百七 林部二百八 才部二百九 叒部二百十 之部二百十一
帀部二百十二 出部二百十三 𣎵部二百十四 生部二百十五 乇部二百十六 𠂹部二百十七
𠌶部二百十八 華部二百十九 𣎳部二百二十 稽部二百二十一 巢部二百二十二 桼部二百二十三
束部二百二十四 𣠔部二百二十五 囗部二百二十六 員部二百二十七 貝部二百二十八 邑部二百二十九

𨛜 部二百三十

說文解字弟七

日 部二百三十一　旦 部二百三十二　倝 部二百三十三　㫃 部二百三十四　冥 部二百三十五　晶 部二百三十六

月 部二百三十七　有 部二百三十八　朙 部二百三十九　囧 部二百四十　夕 部二百四十一　多 部二百四十二

毌 部二百四十三　𢎘 部二百四十四　東 部二百四十五　鹵 部二百四十六　齊 部二百四十七　朿 部二百四十八

片 部二百四十九　鼎 部二百五十　克 部二百五十一　彔 部二百五十二　禾 部二百五十三　秝 部二百五十四

黍 部二百五十五　香 部二百五十六　米 部二百五十七　毇 部二百五十八　臼 部二百五十九　凶 部二百六十

朩 部二百六十一　𣏟 部二百六十二　麻 部二百六十三　尗 部二百六十四　耑 部二百六十五　韭 部二百六十六

瓜 部二百六十七　瓠 部二百六十八　宀 部二百六十九　宮 部二百七十　呂 部二百七十一　穴 部二百七十二

㝱 部二百七十三　疒 部二百七十四　冖 部二百七十五　𠔼 部二百七十六　冃 部二百七十七　㒳 部二百七十八

网 部二百七十九　襾 部二百八十　巾 部二百八十一　巿 部二百八十二　帛 部二百八十三　白 部二百八十四

㡀 部二百八十五　黹 部二百八十六

說文解字弟八

人 部二百八十七　匕 部二百八十八　匕 部二百八十九　从 部二百九十　比 部二百九十一　北 部二百九十二

丘 部二百九十三　㐺 部二百九十四　𡈼 部二百九十五　重 部二百九十六　臥 部二百九十七　身 部二百九十八

㐆 部二百九十九　衣 部三百　裘 部三百一　老 部三百二　毛 部三百三　毳 部三百四

尸 部三百五　尺 部三百六　尾 部三百七　履 部三百八　舟 部三百九　方 部三百十

儿 部三百十一　兄 部三百十二　兂 部三百十三　皃 部三百十四　𠑹 部三百十五　先 部三百十六

秃 部三百十七　見 部三百十八　覞 部三百十九　欠 部三百二十　㱃 部三百二十一　次 部三百二十二

旡 部三百二十三

說文解字弟九

頁 部三百二十四　𦣻 部三百二十五　面 部三百二十六　丏 部三百二十七　首 部三百二十八　県 部三百二十九
須 部三百三十　彡 部三百三十一　彣 部三百三十二　文 部三百三十三　髟 部三百三十四　后 部三百三十五
司 部三百三十六　卮 部三百三十七　卩 部三百三十八　印 部三百三十九　色 部三百四十　卯 部三百四十一
辟 部三百四十二　勹 部三百四十三　包 部三百四十四　茍 部三百四十五　鬼 部三百四十六　甶 部三百四十七
厶 部三百四十八　嵬 部三百四十九　山 部三百五十　屾 部三百五十一　屵 部三百五十二　广 部三百五十三
厂 部三百五十四　丸 部三百五十五　危 部三百五十六　石 部三百五十七　長 部三百五十八　勿 部三百五十九
冄 部三百六十　而 部三百六十一　豕 部三百六十二　㣇 部三百六十三　彑 部三百六十四　豚 部三百六十五
豸 部三百六十六　𤉡 部三百六十七　易 部三百六十八　象 部三百六十九

說文解字弟十

馬 部三百七十　廌 部三百七十一　鹿 部三百七十二　麤 部三百七十三　㲋 部三百七十四　兔 部三百七十五
萈 部三百七十六　犬 部三百七十七　㹜 部三百七十八　鼠 部三百七十九　能 部三百八十　熊 部三百八十一
火 部三百八十二　炎 部三百八十三　黑 部三百八十四　囪 部三百八十五　焱 部三百八十六　炙 部三百八十七
赤 部三百八十八　大 部三百八十九　亦 部三百九十　夨 部三百九十一　夭 部三百九十二　交 部三百九十三
尣 部三百九十四　壺 部三百九十五　壹 部三百九十六　㚔 部三百九十七　奢 部三百九十八　亢 部三百九十九
夲 部四百　夰 部四百一　亣 部四百二　夫 部四百三　立 部四百四　竝 部四百五
囟 部四百六　思 部四百七　心 部四百八　惢 部四百九

說文解字弟十一

水 部四百十　沝 部四百十一　瀕 部四百十二　く 部四百十三　巜 部四百十四　川 部四百十五
泉 部四百十六　灥 部四百十七　永 部四百十八　𠂢 部四百十九　谷 部四百二十　仌 部四百二十一

說文解字第十一

[illegible]

說文解字第十一

雨部四百二十二　雲部四百二十三　魚部四百二十四　𩺰部四百二十五　燕部四百二十六　龍部四百二十七
飛部四百二十八　非部四百二十九　卂部四百三十

說文解字第十二

乞部四百三十一　不部四百三十二　至部四百三十三　西部四百三十四　鹵部四百三十五　鹽部四百三十六
戶部四百三十七　門部四百三十八　耳部四百三十九　𦣝部四百四十　手部四百四十一　𠦬部四百四十二
女部四百四十三　毋部四百四十四　民部四百四十五　丿部四百四十六　厂部四百四十七　乁部四百四十八
氏部四百四十九　氐部四百五十　戈部四百五十一　戉部四百五十二　我部四百五十三　亅部四百五十四
珡部四百五十五　乚部四百五十六　亾部四百五十七　匸部四百五十八　匚部四百五十九　曲部四百六十
甾部四百六十一　瓦部四百六十二　弓部四百六十三　弜部四百六十四　弦部四百六十五　系部四百六十六

說文解字第十三

糸部四百六十七　素部四百六十八　絲部四百六十九　率部四百七十　虫部四百七十一　䖵部四百七十二
蟲部四百七十三　風部四百七十四　它部四百七十五　龜部四百七十六　黽部四百七十七　卵部四百七十八
二部四百七十九　土部四百八十　垚部四百八十一　堇部四百八十二　里部四百八十三　田部四百八十四
畕部四百八十五　黃部四百八十六　男部四百八十七　力部四百八十八　劦部四百八十九

說文解字第十四

金部四百九十　幵部四百九十一　勺部四百九十二　几部四百九十三　且部四百九十四　斤部四百九十五
斗部四百九十六　矛部四百九十七　車部四百九十八　𠂤部四百九十九　𨸏部五百　𨺅部五百一
厽部五百二　四部五百三　宁部五百四　叕部五百五　亞部五百六　五部五百七
六部五百八　七部五百九　九部五百十　禸部五百十一　嘼部五百十二　甲部五百十三
乙部五百十四　丙部五百十五　丁部五百十六　戊部五百十七　己部五百十八　巴部五百十九

庚 部五百二十 辛 部五百二十一 辡 部五百二十二 壬 部五百二十三 癸 部五百二十四 子 部五百二十五

了 部五百二十六 孨 部五百二十七 𠫓 部五百二十八 丑 部五百二十九 寅 部五百三十 卯 部五百三十一

辰 部五百三十二 巳 部五百三十三 午 部五百三十四 未 部五百三十五 申 部五百三十六 酉 部五百三十七

酋 部五百三十八 戌 部五百三十九 亥 部五百四十

說文解字第十五上

下平十六蒸[illegible]

說文解字第十五下

漢太尉祭酒許慎記

銀青光祿大夫守右散騎常侍上柱國東海縣開國子食邑五百戶臣徐鉉等奉

敕校定

敘曰此十四篇五百四十部九千三百五十三文重一千一百六十三解說凡十三萬三千四百四十一字其建首也立一爲耑方以類聚物以羣分同牽條屬共理相貫雜而不越據形系聯引而申之以究萬原畢終於亥知化窮冥于時大漢聖德熙明承天稽唐敷崇殷中遐邇被澤渥衍沛滂廣業甄微學士知方探嘖索隱厥誼可傳粵在永元困頓之年

徐鍇曰漢和帝永元十二年歲在庚子也

孟陬之月朔日甲申曾曾小子祖自炎神縉雲相黃共承高辛太岳佐夏呂叔作藩俾侯于許世祚遺靈自彼徂召宅此汝瀕竊卬景行敢涉聖門其弘如何節彼南山欲罷不能既竭愚才惜道之味聞疑載疑演贊其志次列微辭知此者稀儻昭所尤庶有達者理而董之

召陵萬歲里公乘艸莽臣沖稽首再拜上書皇帝陛下臣伏見陛下神明盛德承遵聖業上考度於天下流化於民先天而天不違後天而奉天時萬國咸寧神人以和猶復深惟五經之妙皆爲漢制博采幽遠窮理盡性以至於命先帝詔侍中騎

都尉賈逵修理舊文殊藝異術王教一耑苟有可以
加於國者靡不悉集易曰窮神知化德之盛也書曰
人之有能有爲使羞其行而國其昌臣父故太尉南
閣祭酒慎本從逵受古學蓋聖人不空作皆有依據
今五經之道昭炳光明而文字者其本所由生自周
禮漢律皆當學六書貫通其意恐巧說衺辭使學
者疑慎博問通人考之於逵作說文解字六藝羣書
之詁皆訓其意而天地鬼神山川艸木鳥獸蚰蟲雜
物奇怪王制禮儀世間人事莫不畢載凡十五卷十
三萬三千四百四十一字慎前以詔書校東觀教小

黃門孟生李喜等以文字未定未奏上今慎已病遣
臣齎詣闕慎又學孝經孔氏古文說文古孝經者孝
昭帝時魯國三老所獻建武時給事中議郎衞宏所
校皆口傳官無其說謹撰具一篇并上臣沖誠惶誠
恐頓首頓首死罪死罪臣沖稽首再拜以聞皇帝陛下
建光元年九月己亥朔二十日戊午上徐鍇曰建光元年漢安帝之十五年歲在辛酉
召上書者汝南許沖詣左掖門會令并齎所上書十
月十九日中黃門饒喜以詔書賜召陵公乘許沖布
四十匹即日受詔朱雀掖門 敕勿謝
銀青光祿大夫守右散騎常侍上柱國東海縣開國

子食邑五百户臣徐鉉奉直郎守秘書省著作郎直
史館臣句中正翰林書學臣葛湍臣王惟恭等奉
詔校定許慎說文十四篇并序目一篇凡萬六百餘
字聖人之旨蓋云備矣稽夫八卦既畫萬象既分則
文字爲之大輅載籍爲之六轡先王教化所以行於
百代及物之功與造化均不可忽也雖復五帝之後
改易殊體六國之世文字異形然猶存篆籀之迹不
失形類之本及暴秦苛政散隸書興便於末俗人競
師法古文既絕譌僞日滋至漢宣帝時始命諸儒修
倉頡之法亦不能復故光武時馬援上疏論文字之
譌謬其言詳矣及和帝時申命賈逵修理舊文於是
許慎采史籀李斯揚雄之書博訪通人考之於逵作
說文解字至安帝十五年始奏上之而隸書行之已
久習之益工加以行草八分紛然間出返以篆籀爲
奇怪之迹不復經心至於六籍舊文相承傳寫多求
便俗漸失本原爾雅所載艸木魚鳥之名肆意增益
不可觀矣諸儒傳釋亦非精究小學之徒莫能矯正
唐大曆中李陽冰篆迹殊絕獨冠古今自云斯翁之
後直至小生此言爲不妄矣於是刊定說文修正筆
法學者師慕篆籀中興然頗排斥許氏自爲臆說夫

以師心之見破先儒之祖述豈聖人之意乎今之爲字學者亦多從陽冰之新義所謂貴耳賤目也自唐末喪亂經籍道息

皇宋膺運

二聖繼明人文國典粲然光被興崇學校登進羣才以爲文字者六藝之本固當率由古法乃

詔取許慎說文解字精加詳校垂憲百代臣等愚陋敢竭所聞蓋篆書堙替爲日已久凡傳寫說文者皆非其人故錯亂遺脫不可盡究今以集書正副本及羣臣家藏者備加詳考有許慎注義序例中所載而諸部不見者審知漏落悉從補録復有經典相承傳寫及時俗要用而說文不載者承

詔皆附益之以廣篆籀之路亦皆形聲相從不違六書之義者其間說文具有正體而時俗譌變者則具於注中其有義理乖舛違戾六書者並序列於後俾夫學者無或致疑大抵此書務援古以正今不徇今而違古若乃高文大冊則宜以篆籀著之金石至於常行簡牘則艸隸足矣又許慎注解詞簡義奧不可周知陽冰之後諸儒箋述有可取者亦從附益猶有未盡則臣等粗爲訓釋以成一家之書說文之時未

有反切後人附益互有異同孫愐唐韻行之已久今並以孫愐音切爲定庶夫學者有所適從食時而成旣異淮南之敏縣金於市曾非呂氏之精塵瀆

聖明若臨冰谷謹上

新修字義

左文一十九說文闕載注義及序例偏旁有之今並錄於諸部

詔　志　件　借　魋　綦　剔　醫　醆　趄

顦　璵　瀳　緻　笑　迓　睆　峯

左文二十八俗書譌謬不合六書之體

𪒠 字書所無不知所以無以下筆易云定天下之亹亹當作娓　个 亦不見義無以下筆明堂左右个者明堂旁室也當作介　暮 本作莫日在茻中也　熟 本作孰享芽以手進之　捧 本作奉从廾从手丰聲經典皆如此　遨 本作敖从出从放　徘

徊 本作裵回寬衣也取其裵回之狀　迴 本作回象回轉之形　腰 本只作要說文象形借爲玄要之要後人加肉　嗚 本只作烏烏盱呼也以其名自呼故曰烏呼後人加口　慾 說文欲字注云貪欲也此後人加心　揀 本只作柬說文从束八八束之也後人加手

俸 本只作奉古爲之奉祿後人加人自暮已下一十二字後人妄加偏傍失六書之義　鞦韆 案詞人高無際作鞦韆賦序云漢武帝後庭之戲也本云千秋祝壽之詞也語譌轉爲秋千後人不本其意乃造此字非皮革所爲非車馬之用不合从革　影 案影者光景之類也合通用景非毛髮藻飾之事不當从彡

斌 本作彬或份文質備也从文配武過爲鄙遂復有从斌从貝者音頵亦於義無取　悅 經典只作說　藝 本只作埶後人加艸云義無所取　著 本作箸說文陟慮切注云飯攲也借爲任箸之箸後人从艸　墅 經典只用野野亦音常句切

蓑 衰字本作蘇禾切从衣象形借爲衰朽之衰　賾 周易繫辭云深也案此亦假借之字當通用嘖　黌 學堂也从學省黃聲說文無學部　黈 充耳也从纊省主聲說文無纊部　矗 直兒見經史所無說文無直

[illegible]

部此三字皆無部類可附 麌 說文噳字注云麌鹿羣口相聚也詩麀鹿麌麌當用虞字 池 池沼之池當用沱沱江之別流也

篆文筆迹相承小異

尺 尺本作𡰪本从二从古文及左旁不當引筆下垂蓋前作筆勢如此後代因而不改 引 說文不从人直作乚 辭 左旁𤔔从辛从木說文不省此二字李斯刻石文如此後人因之 言 从辛从六中畫不當上曲亦李斯刻石如此上曲則字形茂美人皆効之 乃 說文作𠄎象二屬之形李斯筆迹小變不言為異 乃 說文作𠄎亦李斯小篆其勢李陽冰乃云从開口形亦為臆說 𣎵 說文从屮而垂下於相出入也从入此字从屮下垂當只作屮蓋相承多一畫 肉 如六切說文本作肉後人相承作肉与月字相類 魚 說文作𩵋止史籀筆迹小異非別體 無 此本蕃廡之廡李斯借為有無之無後人尚其簡便故皆从之有無字本从亡李陽冰乃云不當加亡且蕃廡字从大从卌數之積也从林亦蕃多之義若不加亡何以得為有無之無 畐 或作畐亦止發筆迹小異 㬎 說文作㬎李斯筆迹小異

說文解字弟十五下

銀青光祿大夫守右散騎常侍上柱國東海縣開國子食邑五百戶臣徐鉉等伏奉

聖旨校定許慎說文解字一部伏以振發人文興崇古道考遺編於魯壁緝蠹簡於羽陵載穆

皇風允符

昌運伏惟

應運統天睿文英武大聖至明廣孝皇帝陛下凝神繫表降鑒機先聖靡不通思無不及以為經籍既正憲章具明非文字無以見聖人之心非篆籀無以究文字之義眷茲譌俗深惻

皇慈爰命討論以埀程式將懲宿弊宜屬通儒臣等
寔媿謏聞猥承乏使徒窮懵學豈副
宸謨塵瀆
冕旒冰炭交集其書十五卷以編帙繁重每卷各分
上下共三十卷謹詣
東上閤門進
上謹進
雍熙三年十一月　日翰林書學臣王惟恭臣葛湍等狀進
奉直郎守秘書省著作郎直史館臣句中正
銀青光祿大夫守右散騎常侍上柱國東海縣開國子食邑五百戶臣徐鉉

中書門下　牒徐鉉等
新校定說文解字
牒奉
勑許慎說文起於東漢歷代傳寫譌謬實多六書之
蹤無所取法若不重加刊正漸恐失其原流爰命儒
學之臣共詳篆籀之跡右散騎常侍徐鉉等深明舊
史多識前言果能商搉是非補正闕漏書成上奏克
副朕心宜遣雕鐫用廣流布自　我朝之垂範俾永
世以作程其書宜付史館仍令國子監雕為印版依
九經書例許人納紙墨價錢收贖兼委徐鉉等點檢

傳以成雙璧則固余所馨香禱盼者矣

乙亥重九裝成插架　定父居士